전생前生의 DNA를 찾아야 성공한다

救國救世 5
전생의 DNA를 찾아야 성공한다

2011년 12월 19일 초판 1쇄 인쇄
2011년 12월 24일 초판 1쇄 발행

지은이 민병직
펴낸이 김인현
펴낸곳 도서출판 도피안사

등 록 2000년 8월 19일(제19-52호)
주 소 경기도 안성시 죽산면 용설리 1178-1
전 화 031-676-8700

서울사무소 서울시 종로구 삼일대로 30길 21(낙원동 58-1)
　　　　　종로오피스텔 1015호
영업국장 법월 김희중
전 화 02-419-8704
팩 스 02-336-8701
Homepage www.dopiansa.com
E-mail dopiansa@hanmail.net
〈책과 절〉카페 http://cafe.daum.net/bookntemple

ISBN 978-89-90223-60-9 04370

책값은 뒤표지에 있습니다.
잘못된 책은 바꿔드립니다.

전생(前生)의 DNA를 찾아야 성공한다

글 민병직

책머리에

부처님 꽃동산에는 이 세상의 모든 꽃들이 다 모여 있어. 빠짐없이 말이야. 아주 평화스럽게 일체 차별 없이 서로 어우러져 장관을 이루고 있지.

● 송암, 광덕스님 시봉일기 중에서

이처럼 스승은 제자에게 무한대의 잠재능력을 꽃동산에 비유하며 온갖 꽃들이 평화스럽게 차별 없이 다 모여 있다고 표현했습니다. '장관'의 파노라마가 연출되고 있는 것입니다.

붓다의 꽃동산이 이렇게 장엄하고 완벽한 것처럼 아이들이 가지고 있는 재능 역시 장엄한 꽃동산입니다. 이 꽃동산이 바로 전생의 DNA입니다. 이 무진장의 보고寶庫, 전생의 DNA에는 다양한 잠재능력이 숨어 있습니다. 이 잠재능력을 이끌어 내기 위해서는 DNA 속에 숨 쉬고 있는 강점지능을 찾아주어야 합니다. 강점지능만 찾아낸다면 아이교육은 성공하게 되고 아이는 행복한 삶을 영위할 수 있습니다.

아이들은 모두가 무한 능력의 소유자입니다. 이 무한 능력은 전생의 소산입니다. 이 소산 속에는 온갖 꽃으로 장엄된 전생의 DNA가 순간순간 발현을 기다리고 있습니다.

이 책 속의 광덕스님은 이 시대의 큰 선지식으로 선승이고 학승이며, 교육학의 이론과 사상을 회통하는 교육사상가입니다. 모든 아이들이 본래의 생명가치를 가지고 행복한 삶을 살 수 있도록 교육에 온 정성을 쏟았던 선각자였습니다.

이 책은 아이가 가진 전생의 DNA를 찾아주고 행복한 삶을 살아갈 수 있도록 하는 데 적지 않은 도움을 줄 것입니다.

세상의 모든 아이들이 붓다의 꽃동산이 장관을 연출하고 있는 것처럼 자신이 가진 전생의 DNA를 찾아 '장관'을 연출하며 한데 얼려 행복하게 살기를 소망합니다.

2011년 12월
민병직

차 례

책머리에

Part 1 ── 전생의 프로파일 찾기
전생의 DNA
꿈의 단서
아이의 상상력에 날개를 달아 줘라
DNA의 주인으로 키우기

Part 2 ── 아이의 무한 보고, 전생의 DNA
아이의 무한 능력
재능 개발시키기

Part 3 ── 느리게 키워라
아이들을 지켜보아야 하는 이유
에디슨의 DNA를 가진 아이
아이의 개성 존중

Part 4 ── 내 아이의 천재성에 주목하라
천재로 만들기 위한 부모의 수행
우리 아이, 간디와 어떤 차이가 있을까
DNA의 발현
흥미와 열정을 갖게 하라

Part 5 — 행복 전령사
성공으로 이끈다   155
행복 찾아 주기   168

Part 6 — DNA를 깨우는 힘
전생의 DNA에 불을 댕겨라   187
불성 생명에 기초한 DNA   204
전생의 DNA를 깨우는 힘   213

Part 7 — DNA 발현과 부모의 태도
수용과 비수용   223
화 끌어안기   235
공감의 기적   249

Part 8 — 큰아이 만들기
충분한 공간을 제공하라   257
불성의 실현자   263
책임감 이끌어내기   269

Part 1
전생의 프로파일 찾기

아이가 꾸는 꿈을 부모의 구미대로 맞추려 하지 말아야 할 것입니다.
부모가 지나치게 요구하면 아이의 꿈은 부모의 구미에 따라 재단되어
실패하고 맙니다. 요구가 지나치면 아이의 개성은 싹둑 잘라져 나가고
맙니다. 아이가 원하지도 않는데 먼저 챙겨 주거나 보호하려 들지 마
세요.

전생의 DNA

　세상에는 전생의 존재를 믿는 사람도 있고 안 믿는 사람도 있습니다. 현생만이 있다고 하는 사람이 있는가 하면 현생과 내생만이 있다고 하는 사람도 있습니다. 전생이나 내생은 아예 없다고 하는 사람도 있습니다.
　이런 사념들에 대해 달라이 라마Dalai Lama는 이렇게 말합니다.

> 환생한 어린아이가 자신의 전생에 사용했던 사물이나 알고 지냈던 사람을 기억하는 것은 흔한 일이다.
>
> ● 달라이 라마, My Land and My People

전생 이야기

전생을 이야기할 때는 1978년 『전생 체험』을 썼던 임상심리학자 헬렌 웜바치의 저서를 들지 않을 수 없습니다. 그는 1960년대 말부터 10년간 1088명을 상대로 임상실험을 해왔습니다. 이 과정에서 일부를 제외한 거의 대부분이 전생의 기억을 가지고 있고, 그것과 사실이 일치하는 것을 발견했습니다. 전생, 환생, 윤회의 확증이라 할 수 있습니다.

미국의 이안 스티븐슨Ian Stevenson 박사는 전생 연구의 세계적인 권위자로 대학교수며 정신과 의사입니다. 그의 연구는 전생퇴행의 임상실험과 증인들의 증언 등을 통해 사실 확인을 거친 것들입니다. 그는 1960년대부터 1980년대 말까지 2000건 이상의 자발적 전생회상 사례를 수집해 『전생을 기억하는 아이들』 외 여러 권의 책을 냈습니다.

영국의 정신과 의사인 데니스 켈시Denys Kelsey는 인간이 죽은 후에도 모든 기억을 간직하는 부분이 살아남는다고 주장했고, 1967년에는 전생의 기억을 가진 조앤 그랜트Joan Grant와 함께 『많은 생애들』이라는 책을 발표했습니다.

지미 스벤손은 1952년 11월 22일 시트카에서 태어났다. 그가 전생 이야기를 시작한 것은 두 살이 되면서부터였다. 그는 전생에 현세의 엄마의 동생이었으며 크러쾅 마을에 살았다는 것이다. 실제로 시트카에서 약 160km쯤 떨어진 크러쾅에는 엄마의 동생인 존 시스코가 이전에 살았었다. 지미는 화가 날 때면 곧잘 "나는 크러쾅에 가서 외할머니와 함께 살겠다"고 했다. 이렇게 이삼 년 동안 전생 이야기를 하다가 그 뒤로는 말하지 않게 되었다.

나는 1961년에 이 사례를 조사했는데 그때 아홉 살이던 지미는 이미 전생 일을 기억하지 못하였다. 그리하여 이 기록은 그의 부모와 형제들의 간접증언에 의한 것이다.

지미의 외삼촌 존 시스코가 죽은 것은 1950년 여름으로 스물다섯 살 때였다. 어느 날 두 사람의 여인과 함께 모터보트를 타고 바다에 뱃놀이를 나갔는데 몇 시간 뒤에 보트만 발견되었다. 그의 사망이 단순한 사고로 인한 것인지 아니면 두 여인의 질투에 의한 것인지는 명확하지 않다. 그런데 지미는 자기는 총에 맞아 죽었다고 하는 것이었다. 그의 배에는, 태어날 때부터 총탄 자국으로 보이는 네 개의 모반母斑이 있었다.

그밖에 몇 개의 환생 기억을 이야기했다. 자기는 존이지 지미가 아니라 하면서 크러쾅에 가고 싶다고 자주 말했다. 뒷날 크러쾅에 갔을 때 마을사람들이나 장로에게 강한 친밀감을 보였으며, 시스코의 친구였던 이를 만나서는 고기잡이에 데려가 달라고 졸랐다. 그리고 외삼촌 한스 시스코에게 "나는 조카가 아니고 동생이다"라고 말했다. 그러나 그의 전생 기억은 네 살 때부터 흐려지기 시작했다. ● 이안 스티븐슨, 전생을 기억하는 아이들, 누님의 아들로 환생한 지미

전생이 있는 걸까?

어떤 사람들은 윤회에 대해 이렇게 말합니다.

"윤회는 없다. 붓다Buddha께서 일부러 한 말씀이다. 윤회가 있고 인과가 있다고 하면 착한 일을 할 것이 아닌가. 그래서 방편으로 한 말씀이다."

과연 윤회설은 방편일까요?

근래 과학이 물질 분야만이 아니라 정신과학 분야도 급속히 발달함에 따라 영혼이 있다는 것이, 윤회가 있다는 것이, 또한 인과가 분명히 있다는 것이 점차로 밝혀지고 있다. 전생과 윤회에 대한 의심을 갖는다면 불교를 안 믿어야 한다.

● 성철, 자기를 바로 봅시다, 가야산의 메아리

과학은 점차 영혼의 존재와 윤회를 입증하고 있습니다. 붓다의 가르침이 비유나 허황된 것이 아님을 입증하고 있는 것이지요. 붓다는 윤회에 대해 이렇게 가르칩니다.

전생 일을 알고자 하느냐?(欲知前生事)
금생에 받은 그것이다.(今生受者是)
내생 일을 알고자 하느냐?(欲知來生事)
금생에 하는 그것이다.(今生作者是)

● 법화경

경에도 붓다의 전생 이야기가 있습니다. 붓다가 깨달음을 얻기 위해 전생에 어떠한 수행을 쌓았는가를 여러 가지 이야기로 엮은 『자타카』가 그것입니다. 물론 이 속에는 민간에 전해 오던 설화나 전설이 유입되었음을 부인하기는 어렵습니다. 이것은 붓다를 초인으로 만들기 위해 그렇게 한 것이 아니라 위대한 각자였기에 초인적인 능력을 부여한 것입니다.

주목할 사실은 수없는 난행고행 끝에 붓다가 되었다는 사실이지요. 전생의 난행고행. 이것이 붓다가 가지고 있던 DNA를 발현하기 위한 작업이었습니다. 이 DNA가 마침내 붓다로 발현된 것입니다.

불교의 고승 나가세나Nāgasena는 희랍의 밀린다Milinda 왕이 제기한 질문에 대해 이렇게 설명했습니다.

> 왕이 물었다.
> "나가세나 존자여, 당신이 말한 윤회란 무엇인지 비유를 들어주십시오."
> "어떤 사람이 잘 익은 망고를 먹고 씨를 땅에 심었다고 합시다. 그 씨로부터 망고나무가 성장하여 열매를 맺을 것입니다. 다시 그 나무에 열린 망고를 따 먹고 씨를 땅에 심으면 다시 나무로 성장하여 열매를 맺게 될 것입니다. 이와 같은 것입니다."
>
> ● 밀린다왕문경, 대론

그래도 자꾸 의심이 갑니다. 전생이 믿어지지 않습니다. 의심 뭉치만 가슴을 짓누릅니다. 이런 사람들을 위해 스님은 말씀합니다.

> 인간은 본성이 법성이므로 죽는 몸이 아니며 멸하는 몸이 아니며 오고가는 몸이 아닙니다. 그러므로 미혹하여 설사 범부가 되어 생사의 모습을 나타내 보이더라도 실로는 멸해 없어지지 아니하고 그 생이 계속됩니다. 다만 현생 표준으로 보면 나고 죽음이 있

지만 나고 죽는 주체인 본성생명에서 보면 죽지 아니하고, 나고 죽는 동작을 하며 새로운 생을 벌리는 것입니다. 그러므로 비록 몸의 형태를 바꾸기는 하나 그 생명은 계속 된다는 말입니다. 이런 점에서 본다면 금생은 전생의 내생이 되고 전생은 그 전생의 내생이 됩니다.

인간의 삶의 뿌리가 법성생명임을 안다면 금생의 죽음으로 생이 그칠 수 없습니다. 비록 미혹한 상태는 여전하더라도 업의 결과는 계속 이어지므로 새로운 생을 계속 받게 됩니다.

미혹한 범부가 그 생이 내생으로 이어진다는 사실을 알려면 스스로 삼매에 들어 현생의 수생受生 이전의 깊은 정定에 이르면 인간의 삶이 영원으로 이어진다는 것을 확인하게 될 것입니다.

● 광덕, 생의 의문에서 해결까지, 사람에게 전생이나 내생이 있습니까

"금생은 전생의 내생이고 전생은 그 전생의 내생이다. 깊은 정定에 이르면 인간의 삶이 영원으로 이어진다는 사실을 확인하게 된다."

우리는 스님의 이 명쾌한 가르침을 통해 답답하던 가슴이 시원해짐을 느낄 수 있습니다.

우리가 전생을 기억하지 못하는 것은 그 기억력을 방해하는 업력과 번뇌의 장애 때문입니다. 범부에게도 붓다나 보살이 가진 전생사前生事를 기억할 수 있는 숙명통宿命通 있지만 번뇌와 업력의 장애로 발휘하지 못하고 있는 것입니다. 죽음이라는 전복적 사고로 인해 기억하지 못하는 것이기도 하고요. 오늘 이전에 어제가 있었고 어제 이전에 그 어제가 있었다는 사실을 부인할 수

없습니다. 오늘 이후에는 내일이 있고 내일 이후에는 또 다른 내일이 기다리고 있다는 사실을 부인할 수 없습니다.

우리의 생도 마찬가지이지요. 현생이 있기에 전생이 있고, 전전생이 있어요. 또한 현생이 있기에 내생과 내내생으로 이어집니다. 이는 조금도 의심할 수 없는 사실입니다. 이렇게 볼 때 현 시점 이전은 모두가 전생이며 미래는 내생입니다.

잠재된 DNA 발현

인간은 태어날 때 아무것도 할 수 없습니다. 일을 할 수도 없고 돌아다닐 수도 없으며 언어를 사용할 수도 없습니다. 그러기에 많은 세월을 어머니에게 의탁하여 살아갑니다.

그렇다고 갓 태어난 아기를 '무능력의 소산'이라고 할 수 있을까요?

꽃씨 한 알 속에는 꽃을 피울 소산물이 함유되어 있습니다. 작은 느티나무 씨앗 하나가 집채만 하게 성장할 DNA를 가지고 있지요. 작은 꽃씨 한 알, 느티나무 씨앗 하나에 우주가 들어 있는 셈입니다.

갓난아기도 마찬가지입니다. 장차 세상의 주인공으로 살아갈 무한능력의 씨앗을 가지고 있는 것이지요. 비록 어머니에게 의지해 살지만 자라나면서 잠재된 무한한 능력을 가진 DNA를 발현하게 됨은 의심할 여지가 없습니다. 예술가, 엔지니어, 우주과학자, 로봇공학자, 음악가, 축구선수, 기업경영자, 학자, 농부로 성장할 DNA를 가지고 있는 것입니다. 장차 발현될 전생의 DNA인 것이지요.

아이의 능력

아이들은 모두가 천재성을 가지고 있습니다. 다중지능이론이 이를 증명하고 있지요. 다중지능이론은 미국 하버드대학의 하워드 가드너 Howard Gardner 교수가 발견한 것으로 세상의 모든 사람들에게 희망을 안겨 주었습니다.

다중지능이론이 나오게 된 계기는 인간이 가지고 있는 다양성과 무한한 가능성 때문입니다. 천재성은 결정된 것이 아니라 적절한 환경, 다양한 경험의 제공, 자극, 신뢰와 격려를 통해 누구에게서나 이끌어낼 수 있다는 것입니다. 아이의 능력에 우열이 있는 것이 아니며 서로 독립적이고 대등한 것이기에 평범하게 보이는 아이에게도 어느 부문인가는 천부적으로 우월한 지능을 타고났음을 시사합니다. 그러니까 모든 아이들이 어느 한 분야에서는 최고가 될 수 있는 지능을 가지고 있음을 뜻합니다.

중요한 것은 아이가 가지고 있는 강점지능을 어떻게 살려내는가가 관건일 따름입니다. 강점지능이란 현재 이전의 과거에 겪었던 경험과 자극을 총체적으로 일컫습니다. 전생의 DNA를 발현하는 최고의 방법은 아이의 강점지능을 찾아주는 일입니다.

● 집착과 욕심

아이에 대한 집착과 욕심은 아이가 가진 전생의 DNA에 영향을 주어 아이의 진로를 그르치고 맙니다. 부모의 집착과 욕심은 아이의 강점지능을 엉뚱한 방향으로 이끌고 갈 수 있어 조심해야 합니다.

어떤 한 학생은 공부를 무척 잘 했습니다. 초등학교 때부터 두각을 나타냈어요. 그 학생은 국내 최고라고 하는 S대의 사범계열을 지망하고 싶었지만 어머니의 반대로 법학과에 지원했습니다. 아쉽게도 성공하지 못했습니다. 학생은 후기의 유수한 대학에 진학하고 싶었지만 어머니는 이를 막았습니다. 재수를 하였지만 상황은 반전되지 못했습니다. 어머니의 힘에 무릎을 꿇고 S대 법학과에 지원했다가 다시 실패하고 만 것입니다. 학생은 심한 자괴심에 빠졌고 생활은 빗나가기 시작했습니다.

아이의 인생은 전적으로 아이의 것입니다. 부모 마음대로 아이를 이끌고 가겠다고 한다면 이것은 아이가 가진 불성佛性에 대한 폭력입니다.

아이 관찰

아이가 가진 전생의 DNA를 찾기 위해서는 아이의 평소 생활을 관찰할 필요가 있습니다. 아이의 말과 행동 하나하나는 아이의 행로를 결정짓는 중요한 요소가 되니까요.

가령 아이가 다양한 악기 소리를 구분해 낸다든가 음감이 뛰어나다거나 음악듣기를 좋아한다거나 혼자서 놀 때 곧잘 흥얼거린다면 가수, 연주가, 작곡가, 피아노 조율사, 음악교사, 음악비평가 등이 될 소질을 타고난 것입니다. 또한 다른 사람이 한 이야기를 잘 옮긴다거나 밖에서 있던 일을 재미있게 말해 준다거나 책을 읽어달라고 조른다거나 인형놀이 하기를 좋아한다거나 또래와 말싸움을 할 때 곧잘 이긴다거나 한다면 문학가, 정치가, 변호사, 방송인, 기자, 문학평론가 등의 분야에서 성공할 가능성이 높습니다.

그래서 깨어 있는 부모들은 아이를 학원에 보내는 일보다 관찰일기 쓰는 일을 더 중요하게 여깁니다. 관찰일기에 기록되는 것은 아이가 가야할 향방을 안내하는 길잡이가 되니까요.

관찰일기를 쓰는 데는 큰 노력이 들지 않습니다. 이따금 특징적인 사항을 기록하면 그뿐이니까요. 아이의 장래와 운명을 결정하는 일치고는 매우 손쉬운 일입니다. 무턱대고 법학과를 지원하여 실패하고 인생의 낙오자로 전락하는 모습을 지켜보는 것보다야 관찰일기를 써서 아이의 진로를 설정해 주는 것이 훨씬 손쉬운 일일 테니까요.

● **긍정적인 태도**

아이를 긍정의 눈으로 바라볼 때 부모가 기대하는 쪽으로 성장합니다. 학자들은 이를 플라시보 효과, 피그말리온 효과로 명명했습니다. EBS에 제작한 「아이의 사생활」이란 프로에서도 "아이의 자신감은 부모의 긍정적 사고에서 시작된다"고 결론을 짓고 있지요.

스님은 이렇게 사자후합니다.

진리를 긍정한 사람은 밝은 미래를 창조한다. 무한능력장인 본성의 문을 열어 활용하기 때문이다. 반대로 자신의 진실을 부정하는 말은 자기의 미래를 어둡게 만든다.

● 광덕, 빛의 목소리 1, 진실한 말로 창조적 삶을 가꾸어 가자

● 위험한 재촉

    인생에서 가장 위험한 시기는 출생부터 열두 살이 될 때까지의 기간이다. 그러므로 초기의 교육은 전적으로 소극적이어야 한다. 아무것도 하지 않는 것처럼 보이는 소극적인 교육이 아이에게는 놀라운 교육이 되는 것이다. 아이를 아이가 아닌 꼬마박사로 만들기를 원하므로 위협하거나 잘하면 무엇을 주겠다고 하거나 가르치거나 이치를 따져 이야기하거나 하는데 그렇게 해서는 안 된다.

● 루소, 에밀, 신체와 감관의 훈련

    18세기 프랑스의 위대한 사상가 루소Rousseau는 자신이 말하는 소극적 교육이란 "우리의 지식 획득의 도구인 기관들을 연마하는 것을 목표로 삼는 교육"이라고 정의했습니다. 여기에는 재촉을 통한 교육을 시키지 말라는 루소의 교육철학이 들어가 있지요. 다시 말해 '지켜봄'의 교육을 강조한 셈입니다.

    재촉하기는 아이교육에 실패를 초래할 가능성이 높습니다. 최선을 다해 달리고 있는 아이에게 빨리 뛰라고 재촉하면 넘어지고 맙니다. 넘어지면 그나마 뛰던 것도 뛰지 못합니다. 진징한 교육은 지켜보다가 그것이 아니다 싶을 때 살짝 안내자의 역할을 하는 것입니다.

꿈의 단서

내가 태어난 곳은 두메산골. 차를 타려면 시오리 길을 가야 했으니 오지 중의 오지지요. 나는 중학교까지만 마치고 아버지가 짓는 담배농사를 이어받아 농부가 되어야겠다는 꿈을 가졌습니다. 농사를 잘 짓기 위해서는 열심히 밭에 나가 농사일을 배워야 한다는 아버지의 말씀에 따라 학교 숙제를 뒤로 미루면서까지 농작물 생태를 살폈습니다.

그러던 어느 날, 내가 다니고 있던 초등학교에 대학생 세 명이 찾아왔습니다. 그 대학생들은 내가 다니던 초등학교를 졸업하고 서울에서 대학을 다닌다고 했습니다. 그때 그 대학생들은 아마도 교장선생님이 우리들에게 꿈을 심어 주기 위해 초청했던 것 같습니다.

대학생들은 강당에 모인 우리들에게 '꿈'에 대한 이야기를 했습니다. 정확한 내용은 기억나지 않지만 "노력하면 꿈을 이룰 수 있다", "누구나 노력하면 대학에 진학할 수 있다", "공부를 열심히 해서 나라의 기둥이 되어야 한다"라는 요지의 강연을 한 것으로 기억됩니다.

　대학생 선배들의 강연은 신선한 충격이었습니다. 중학교를 졸업하면 바로 아버지의 사업을 이어받아 농사꾼이 되어야겠다는 꿈이 바뀌어버린 것입니다. 그때부터 농사꾼의 꿈은 접고 대학에 진학하여 나라의 기둥이 되겠다고 마음먹었습니다.

　나의 집에는 해마다 국회의원 사진이 박힌 낱장으로 된 달력이 걸렸습니다. 국회의원이 나누어준 것이었지요. 나는 그걸 보면서 국민들로부터 존경받는 정치가가 되어 이 나라를 다스려 보고 싶었습니다.

　그러나 정치가가 되겠다는 꿈은 상급학교에 진학하면서 바뀌었습니다. 사람들이 파당을 만들어 누구를 찍으라며 중상모략하는 모습이 너무도 싫었습니다. 그래서 나는 소설가가 되겠다고 마음먹었습니다. 아무래도 국민을 움직이는 데는 국회의원보다는 많은 사람이 읽을 수 있는 책을 쓰는 것이 좋겠다고 생각했던 것이지요. 그러나 소설가의 꿈은 고등학교에 올라가면서 접어야 했습니다. 과다한 학습량과 꽉 짜여진 일과 속에서 글을 쓴다는 것이 과한 욕심이라 생각되었습니다. 결국 소설가가 되겠다는 꿈도 뇌리에서 서서히 자취를 감추고 의사가 되었으면 좋겠다고 생각했습니다. 당시 『슈바이처의 생애와 사상』이라는 책이 나의 사상체계를 흔들어 놓았던 것입니다. 그러나 나는 의사가 되겠다는 꿈을 이루지 못했습니다. 이유가 여럿 있지만 가장 큰 이유 중의 하나는 나의 적성과 특기, 다시 말해 전생의 DNA가 그쪽을 따라가게 허락하지 않았습니다.

　나는 이런 변화를 겪으면서 교사의 길로 들어섰습니다. 비록 어릴 적 꿈이었던 농부가 되지 못했고, 고교 시절의 꿈이었던 소설가나 의사가 되지는 못했지만 교단에서 행복한 시간을 보냈습니다. 아이들을 통해 나의 꿈이었던 농부나 정치가, 의사의 꿈을 이룰 수 있었기 때문입니다.

아이가 꾸는 꿈은 재능의 산물

농부의 꿈을 접고 새로운 꿈을 꾼 지난날의 모습. 이런 모습이 아이들의 모습입니다. 아이들은 시시각각으로 자신의 꿈을 바꿉니다. 이 무한대의 꿈이 어느 방향으로 뻗어갈지 하늘신도 알 수 없습니다. 아이들은 철저하게 미래에 거주하기 때문입니다. 아이들이 꾸는 꿈은 아이가 가지고 있는 재능의 산물이니까요.

꿈을 살피는 것은 자녀의 꿈을 알아낼 수 있는 방법입니다. 꿈은 아이들을 탐색하게 만듭니다. 꿈은 아이들에게 영감을 주고 동기를 자극해 줍니다. 꿈은 삶의 위안이 되는 동시에 도전이 되기도 합니다.
● 카론 구드, 우리 아이의 숨겨진 재능을 깨워라

아이들이 가지고 있는 것은 모든 것이 재능이며 꿈입니다. 아이들의 입을 통해서 나오는 소리는 모두가 시이고 노래며 철학이고 동화입니다.

우리에게는 전생이 있습니다. 전생은 현생의 삶을 결정짓는 바로미터입니다.

꿈의 단서

아이들은 어릴 때부터 행동이나 재능, 지능, 감정을 통해 꿈의 단서를 제공합니다.

영호는 어릴 적부터 로봇에 관심이 많다 – 로봇공학자
가람이는 어릴 적부터 축구공을 잘 가지고 논다 – 축구선수
수빈이는 어릴 적부터 그림을 잘 그린다 – 화가
다희는 어릴 적부터 역할극을 잘한다 – 배우나 탤런트
원준이는 식물을 잘 가꾼다 – 식물학자나 농부

아이의 기질

아이들은 저마다 전생의 DNA인 독특한 특성을 가지고 세상에 태어납니다. 이 독특한 특성이 기질입니다. 기질은 아이에게 어떤 환경을 제공하는 것이 좋은가를 암시해 주지요.

기질은 아이의 인생을 결정짓는 중요한 요소입니다. 기질은 20%가 유전적으로 물려받습니다. 아이와 부모의 기질이 같다면 대부분 부모와의 사이가 좋습니다. 가령 부모가 산책을 좋아하고 아이도 산책을 좋아한다면 관계성에 별로 문제를 보이지 않지요. 그러나 부모는 산책을 좋아하지만 아이는 책 읽는 것을 좋아한다면 부모와 아이 사이에 마찰이 발생할 수 있습니다.

학자들은 유아들의 경우 40% 정도가 외향적이며 20%가 내성적인 기질을 가지고 있다고 주장합니다. 그러나 이 같은 사실은 변화를 거듭합니다. 5세가 되면 그 집단에 속한 아이들 중에서 20%만이 그 특성을 그대로 유지한다고 합니다.

기질은 유전적인 형질에서 비롯되는 것으로 알려져 있습니다. 어린 시절에 억압받아온 아이들은 불안장애와 공포, 공황장애나 강박장애를 일으킬 가능성이 있다고 진단합니다. 부모가 긍정적이고 아이와 유대관계를 잘 형성하며 교감이 많은 속에서 성장한 아이들은 두려움이 거의 없고 자신감이 넘치며 자아존중감이 높습니다. 통제가 거의 없고 폭력적인 가정에서 자란 아이들은 일탈된 행동을 할 가능성이 높습니다.

선인선과 악인악과이지요. 심는 대로 거두는 것입니다. 그러니까 부모가 어떤 환경을 제공해 주느냐에 따라 아이의 기질이 결정되며 행동양식이 결정됩니다.

스님은 말씀합니다.

> 어려운 환경에 처해 있어도 잘못이나 어려운 환경에 집착하지 않게 해야 한다. 잠시 잘못이 나타난 것은 훌륭하게 성장하는 과정인 것을 알게 해야 한다. '나는 지혜가 있다. 착한 사람이다. 능력이 있다. 성공할 사람이다. 만인을 도와줄 훌륭한 미래가 약속되어 있다' 하는 생각을 갖게 해야 한다.
>
> ● 광덕, 삶의 빛을 찾아, 자녀에게 긍지를 심어 주자

기질에 영향을 주는 부모의 태도

부모가 아이의 기질을 알면 아이가 처한 상황을 알고 발 빠르게 대처할 수 있습니다. 아이의 성격을 알면 스스로 성격을 관리하는 방법을 제시해 줄 수 있습니다. 아이의 기질을 알 때 아이에

게 어떻게 대하는 것이 좋겠는가 하는 방법을 알 수 있으니까요.

"저는 아이들을 부모가 마음대로 할 수 있는 소유물이라고 생각하지 않아요. 부모가 원하는 틀에 아이를 가두려는 시도는 아이의 인격을 무시하는 행위이고 생명을 짓밟는 일이 된다는 것을 알기 때문이죠. 단지 아이를 인격체로 바라보고 아이가 원하는 것이 무엇인지 조력할 뿐이에요. 그러다 이것이 아니다 싶을 때 농부가 소의 고삐를 살짝 당겨 바른 길로 가도록 인도하는 것처럼 부모의 역할이란 그래야 한다고 생각해요."

내가 담임했던 반의 한 어머니의 말입니다. 이 어머니의 말은 매우 현명했습니다. 학자들은 하나같이 아이들을 통제해야 할 소유적인 개념으로 보면 안 된다고 말하거든요. 아래에서는 상황에 따라 부모가 어떤 태도를 취하는지 보겠습니다.

> **상황** 아이는 부모의 말을 잘 듣지 않는다. 부모를 도외시하며 안중에도 없는 태도를 취한다. 무언가를 주문해도 반응이 없다. 숙제를 제대로 해가지 않아 선생님께 늘 꾸중을 듣는다.

● 겁을 주는 유형

"이 녀석아, 넌 도대체 뭐가 되려고 그러니? 엄마 말이 그렇게 말같지 않니? 다시 그럴 테야, 안 그럴 테야. 그 따위로 행동한다면 정말 혼을 내줄 테다."

● 이해하는 유형

"아이들이란 다 그런 법이야. 그래도 자기의 일을 자기가 알아서 하니까 다행이지. 숙제를 하라고 그리 말해도 하지 않는데 그

건 엄마의 문제가 아니고 아이 문제야."

• 훈계하는 유형

"그런 일은 나쁜 일이란다. 너도 4학년인데, 말을 안 들으면 엄마의 마음이 얼마나 속상한 줄 아니? 훌륭한 사람이 되려면 말을 잘 들어야 하는 거야."

• 보듬어 주는 유형

"무척 바쁜가 보구나. 바쁜데 심부름을 시켜 미안한걸? 숙제를 못했다면 엄마가 도와줄게."

겁을 주는 유형의 부모들은 아이와 심하게 부딪힐 가능성이 높습니다. 아이는 더욱 부모의 말을 듣지 않고 멋대로 행동할 개연성이 있지요.

이해하는 유형의 부모들은 아이와 대립각을 세우지 않고 원만한 관계를 유지하지만 아이의 행동에 변화를 기대하기는 어렵습니다.

훈계하는 유형의 부모들은 아이와의 마찰은 피할 수 있지만 잔소리로 여겨 귀를 막고 싶어 합니다.

보듬어 주는 유형의 경우, 아이는 부모와 공감대를 형성하게 되고 점진적으로 부모가 원하는 것이 무엇인지 성찰하게 되며 자신의 행동을 수정해 갑니다.

스님은 이렇게 조언합니다.

무엇보다 어린이에게 자신이 착한 마음, 지혜로운 마음의 주인공인 것을 신뢰하고, 어려운 일도 능히 해낼 수 있는 힘이 있다는 것을 믿어주고 말해 주어야 한다. ● 광덕, 반야의 종소리, 어린이의 자기 계발

아이의 상상력에
날개를 달아 줘라

　인간은 태어나서 자신의 능력의 10%밖에 쓰지 못하고 세상을 떠난다고 합니다. 원자물리학의 천재였던 아인슈타인Albert Einstein도 10%밖에 발휘하지 못하고 세상을 떠났다고 하지요. 그는 "지식보다 중요한 것이 상상력이다"라고 말하며 재능은 상상력과 밀접한 관계가 있다고 보았습니다.

　지식은 후천적으로 생성된 것입니다. 책을 통해서, 교육을 통해서 경험적으로 축적되어 나가는 것이지요. 그러니까 지식은 재능이 아닙니다. 전생의 DNA가 아닌 것입니다. 아인슈타인은 이런 사실들을 잘 간파했습니다. 그래서 후천적으로 얻어지는 지식보다는 선천적인 능력에 가까운 상상력을 중요시했습니다.

　상상력이란 사전적 해석을 빌면 "지성의 창조적인 능력. 정서와 지성, 때로는 감각을 중심으로 하여 여러 체험 요소들을 종합하고 조직해서 새로운 초월적 가치를 창조하는 능력"을 일컫습니다. 이는 유기체 내부에 보존되어 있는 상태인 기억記憶, memory

이나 시공의 테두리에서 벗어난 자유로운 기억의 형식인 공상空想, fancy과도 구별됩니다. 종합적이고 창조적인 체험들이 자발적으로 이념화되고 실재화되는 것을 말합니다. 다시 말해 전생의 DNA를 발현하는 일입니다.

윤회하는 DNA

DNA는 유전流轉을 거듭합니다. 눈에 보이지 않는 상태에서 잠재되어 있기도 하고 엄청난 에너지를 분출해 내기도 합니다. 그러나 제아무리 분출을 시킨다고 해도 아인슈타인처럼 10% 이내에 머물고 말 뿐입니다.

붓다는 현세의 고통을 관찰하고 윤회를 말씀했습니다. 현재의 상황은 과거의 업業, karma 때문이라는 것입니다. 붓다가 말씀하고 있는 윤회는 꼭 사후의 세계만을 일컫는 것이 아닙니다. 아직 오지 않은 미지의 상태에서 발현되는 모든 업을 일컫습니다. 현재는 과거의 업에 의해, 미래는 현재의 업에 의해 업과가 발현된다는 것입니다. 다시 말해 윤회는 내세로 이어지는 것보다는 현재의 위치에서 얽혀진 수많은 인연에 의해 반복된다는 것이지요.

이렇게 관찰할 때 현재의 DNA는 과거의 업에 의해, 미래의 DNA는 현재의 업에 의해 발현된다는 사실을 확증할 수 있습니다. 이 업이 바로 교육적 행위인 자극입니다.

씨앗을 꽃밭에 심었습니다. 자라서 꽃이 피면 모본이 피웠던 꽃송이와 꼭 닮은 꽃송이를 피워 냅니다. 물리적으로 볼 때 이 꽃송이가 전생의 꽃송이는 아닙니다. 단지 그 씨앗이 가졌던 DNA를 전달받은 것뿐입니다.

사람도 마찬가지이다. 물리적인 형태는 달리하지만 자신이 가진 DNA는 자손에게 전승됩니다. 지금의 DNA는 과거 조상님들이 가졌던 DNA의 연속이라는 것이지요.

이 DNA는 내가 살면서 쌓아 온 습習과 업에 의해 나의 미래와 내생을 결정할 것입니다. 쌓여진 습이 인因인 DNA가 되어 새롭게 재생되는 것입니다. '나'라는 것의 실체는 붓다가 말씀한 무아無我, anātman입니다. 끊임없이 가해지는 다양한 환경과 요소 때문에 무아며 이 무아는 새로운 생명의 에너지로 유전流轉을 거듭합니다.

그래서 현재의 삶의 모습이 좋아야 합니다. 그래야 업이 내재된 DNA가 현생이든 내생이든 올바르게 발현될 수 있습니다. 물리적으로만 볼 때도 이 DNA는 엄청난 에너지를 가지고 있어요. 즉 올바른 삶은 자손들의 DNA를 결정짓게 합니다. 내 자신이 윤회를 하지 않는다고 가정하더라도 가지고 있는 DNA는 해바라기 꽃씨처럼 모본을 닮은 F2가 생겨나게 할 것이기 때문입니다.

붓다는 『잡아함경』에서 이렇게 말씀하고 있어요.

모든 중생은 목숨이 붙어 있을 때 선행을 쌓으면 천상에 오르게 되고, 악업을 지으면 나쁜 곳에 떨어지게 된다.

행하는 업에 의해 우리의 DNA가 천상에 이를 수도 있고 삼악도에 이를 수도 있다는 이 가르침은 보이지 않는 과학이며 예술이라 할 수 있습니다.

해바라기 꽃씨를 심었을 때 좋은 환경, 즉 적당한 온도, 적당한 습기, 적당한 양분이 제공된다면 아름답고 멋진 꽃을 피워 올릴 것입니다. 그러나 이 중에서 한 가지라도 부족하다면 멋진 꽃을 맺지 못하게 됩니다. 여기서 말하는 환경, 즉 온도나 습기, 양분이 DNA를 발현하게 하는 요소입니다. 이 요소에 의해 DNA의 운명이 결정되는 것이지요. 이 요소에 의해 DNA는 새로운 인자를 조합하고 또 다른 DNA를 만들어 내니까요.

꽃씨가 썩어 없어졌다고 윤회를 하지 않는다고 부정할 수 없습니다. 꽃씨는 자신이 간직했던 DNA를 100% 피워 냅니다. 사람도 마찬가지입니다. 자신이 가지고 있는 DNA는 자손들이 물려받기에 바른 업正業으로 좋은 인因인 DNA를 이어갈 수 있도록 노력해야 합니다.

붓다는 내생이나 윤회에 가치를 두고 사는 것은 옳지 않다고 가르쳤습니다. 오로지 현재, 지금, 여기를 강조했습니다. 자신이 처한 자리에서 현실에 충실한 삶을 사는 것이 옳은 삶이라 가르쳤습니다. 현실이 미래와 내생을 결정하는 중요한 인이 되니까요.

전생의 DNA, 아뢰야식

아뢰야식阿賴耶識은 숙업宿業에 대한 대승불교의 한 학설입니다. 아뢰야식이란 산스크리트어로 알라야 비즈냐나Alaya-vijnana라 불립니다. 이를 음역과 의역을 섞어서 아뢰야식이라고 번역한 것입니다. Alaya의 음은 그대로 쓰고 vijnana의 뜻은 식識이라 번역한 것입니다. 의식 속에 잠재되어 있는 문제를 심리학적으로 추구한 인류 최초로 시도된 심층심리학이라 할 수 있지요. 근세에 이르러 심리학은 프로이트Freud, 융Jung, 아들러Adler와 같은 석학들에 의해 성과가 거양되었습니다.

아뢰야는 본래 욕망이나 탐욕을 가리키는 말로 쓰였습니다. 붓다도 아뢰야라는 말을 자주 썼습니다.

붓다는 인간의 구조를 분석하여 다섯 가지 집합체로 나누었지요. 이를 오온이라 하며, 색(色·육체), 수(受·감각), 상(想·표상), 행(行·의지), 식(識·의식)이 그것입니다. 이 오온에 의해 여섯 가지 감각(6식)이 생겨납니다.

식識은 6식六識의 총칭입니다. 6식은 안(眼·눈), 이(耳·귀), 비(鼻·코), 설(舌·혀), 신(身·몸), 의(意·의지작용)로 여섯 가지 경계인, 색(色·물질), 성(聲·소리), 향(香·냄새), 미(味·맛), 촉(觸·촉감), 법(法·마음의 대상)을 인식하는 작용을 말합니다. 이 6식에 제7식인 말나식과 제8식인 아뢰야식이 작용하는 원리를 불교에서는 유식학이라고 부릅니다.

제7식인 말나식은 생각하고 헤아린다는 뜻으로 실천이성의 작용이라 할 수 있지요. 이것은 '나'라는 아만과 아견我見 때문에 생긴다고 합니다.

제8식인 아뢰야는 윤회의 주체입니다. 욕망이나 탐욕에 그치지 않고 우리의 감각과 의식, 생각 등이 아뢰야에 의해 존재하고 채색된다고 하지요.

초목은 때가 되면 싹이 트고 자라고 꽃이 피고 열매를 맺습니다. 이런 현상들이 땅속에서 이미 이루어지고 있는 현상입니다. 싹 트고 꽃 피고 자라고 열매 맺는 현상은 이미 예비된 유전流轉입니다. 가지고 있는 잠재된 DNA를 땅 밖에서 피워 내는 현상일 뿐입니다. 싹 트고 자라고 꽃 피고 열매 맺는 현상들이 이미 씨앗

속에 함장되었듯이 인간의 감각작용, 의식작용, 생각작용 등이 모두 아뢰야 속에 함장되어 있는 것입니다.

아뢰야는 눈에 보이지 않습니다. 그렇지만 우리가 인식할 수 없는 방법으로 우리의 행위를 좌우합니다.

DNA를 깨우는 첫 행보

앞서 지적하였듯이 마음먹기에 따라 꿈이 이루어지기도 하고 이루어지지 않기도 합니다. 그래서 피아니스트가 되고 싶은 사람은 "나는 피아니스트가 될 거야"라는 선언이 중요합니다. 피아니스트가 되어야겠다는 꿈과 의지가 없으면 결코 피아니스트가 될 수 없거든요. 제8식인 아뢰야는 이 목소리를 생명의 깊은 곳에 그대로 녹음하였다가 DNA를 만들고 자신을 끌고 갑니다.

마음먹기란 꽃씨를 잘 자라게 하는 온도나 습도, 양분과 같은 것입니다. 마음을 먹어야 꿈을 이룰 수 있는 것이지요. 마음먹지 않고서는 어떤 일도 이룰 수 없습니다.

꿈이 없는 삶은 희망이 없지요. 꿈을 통해 사람은 희망을 보고 미래를 보니까요. 꿈을 이루기 위한 노력, 이것이 전생의 DNA를 깨우는 첫 행보입니다.

꿈은 어떻게 이루어질까

세상은 꿈꾸는 자의 것입니다. 꿈이 없는 삶은 무의미하고 희망이 없습니다. 인간은 꿈을 향해 역동적인 삶을 펼쳐 나가는 존재이지요. 꿈을 이루기 위한 과정에서 성공과 좌절을 맛보기도 합니다.

아이를 성공시키기 위해서는 아이가 성공할 것이라는 믿음이 있어야 합니다. '성공할 수 있다'고 생각할 때 DNA는 성공 쪽으로 다가갑니다. 붓다가 말씀한 아뢰야와 뇌 과학자들이 증명하는 바입니다.

그래서 스님은 이렇게 말씀합니다.

> 학업을 닦는 자는 학업의 원만 성취를 생각하라. 불화한 사이에서는 화목한 서로를 생각하라. 병든 자는 넘치는 건강을 생각하라. 사업을 경영하는 자는 왕성한 발전을 생각하라. 이런 믿음은 진리의 위신력에 의하여 반드시 이루어진다.
>
> ● 광덕, 반야의 종소리, 밝은 마음 무한 창조

아이가 꾸는 꿈을 부모의 구미대로 맞추려 하지 말아야 할 것입니다. 부모가 지나치게 요구하면 아이의 꿈은 부모의 구미에 따라 재단되어 실패하고 맙니다. 요구가 지나치면 아이의 개성은 싹둑 잘라져 나가고 맙니다. 제발 아이가 원하지도 않는데 먼저 챙겨 주거나 보호하려 들지 마세요.

EBS에서 실험한 예를 봅니다. 아이의 모든 수발을 들어주는 엄마. 엄마는 김밥을 쌀 때에 아이가 손대지 못하게 합니다. 머리를 항상 빗겨 주며, 물건을 살 때도 부모의 의도대로 아이를 컨트롤합니다. 매사를 엄마가 다 해주는 것이지요. 그러다 보니 아이 혼자서 하는 것이 제대로 없습니다. 방송국 연구팀에서 검사를 의뢰해 측정한 결과 아이의 자아존중감이 다른 아이들에 비해 현격하게 낮았습니다.

이 아이의 경우 자아존중감에 대한 잠재된 DNA가 제 역할을 못하고 있는 셈입니다. 어머니가 아이의 DNA를 무력화시키고 있는 것이지요.

자아존중감이 높은 아이들은 공부를 잘하고 대인관계가 원만합니다. 일을 할 때 앞장서 리더 역할을 하고 솔선합니다. 매사에 자신감이 넘치고 성취의욕이 높습니다.

자아존중감을 높이기 위해서는 '지켜봄'이 중요합니다. 아이의 행동, 일거수일투족에 대해 지나치게 관여하는 것은 아이의 꿈을 방해할 뿐입니다.

스님은 말씀합니다.

> 무엇보다 어린 아이에게 자신이 착한 마음, 지혜로운 마음의 주인공인 것을 신뢰하고 어려운 일도 능히 해낼 수 있는 힘이 있다는 것을 믿어 주어야 한다. ●광덕, 반야의 종소리, 어린이의 자기 계발

DNA를 일깨우는 자기암시

수학 공부를 싫어하는 아이, 이런 아이에게 다음과 같은 시도는 유익합니다.

상황	아이가 수학 공부를 싫어한다. 수학책만 보면 내던지고 싶어 하고 수학선생님조차 싫어한다.

해결　•눈을 감고 명상합니다.

- 수학책을 떠 올립니다. 책을 넘기며 속삭입니다.
  "나는 수학을 좋아한다. 나는 둔재가 아니다."
- 수학책을 가슴에 품습니다. 그리고는 말합니다.
  "수학책아, 난 너를 사랑해!"

자기암시를 통해 수학을 좋아하게 하는 방법입니다. 이렇게 할 때 아뢰야는 "그래, 당연하지. 넌 수학을 좋아해, 둔재가 아니야, 수학책도 널 좋아할 거야."라고 응답해 줍니다. 그래서 수학을 좋아하게 만들고 성적이 오르게 만듭니다.

뇌파를 활성화시켜라

뇌 과학자들은 마음의 상태에 따라서 뇌파가 달라진다는 것을 밝혀냈어요. 뇌파는 뇌 활동에 따라 알파파, 베타파, 세타파, 감마파 등으로 달리 일어납니다. 알파파는 머리의 후두엽에서 나오며 편안하게 쉴 때나 마음이 안정되었을 때 나온다고 합니다. 평상시 깨어 있을 때 스트레스 등에 의해 나타나는 베타파에서는 두뇌력이 저하되어 기억력, 암기력, 집중력이 떨어지는 것으로 알려져 있습니다.

아이에게 늘 알파파 상태를 유지하게 할 수는 없는 일이지만 노력을 통해서 어느 정도는 극복할 수 있는 힘을 키워 주는 것이 좋습니다. 아이가 시험을 치를 때면 베타파가 많이 발생합니다. 초조하고 불안할 때 우리의 뇌는 알파파보다 베타파가 흐르기 때문이지요. 따라서 공부가 안 되고 초조하고 불안할 때, 집중력이 떨어지고 머리가 멍할 때, 알파파를 발생케 하는 참선과 같은 수행은 큰 도움을 주게 됩니다.

참선 수행은 다음과 같은 효과를 나타냅니다.

- 기혈의 원만한 흐름을 우선하기 때문에 병의 근원을 차단한다.
- 참선으로 일념이 되면 신체 에너지의 낭비가 줄어든다. 이로 인하여 한층 여유가 생긴 심신은 밝은 화색을 띠게 된다.
- 정신이 안정되어 신체 내 알파파가 증장된다. 그러므로 신체의 백혈구가 증가하고 혈색소가 늘어나 더욱 활기찬 생활을 영위할 수 있다.
- 뇌 세포가 활력을 얻어 통찰력이 증장된다. 기억력과 집중력, 암기력이 증가한다.
- 마음의 흔들림이 줄어들게 되어 주체적이고 자주적인 정신의 소유자가 된다.

수행을 하게 되면 불과 몇 초 만에 베타파에서 알파파로 돌려놓을 수 있는 능력이 생깁니다. 만약 참선 수행이 어렵다면 심호흡으로도 마음을 다스릴 수 있습니다. 심호흡 속에는 잠재된 DNA를 일깨워 내는 신통력이 숨어 있으니까요.

깊게-, 가늘게-, 길게-.

숨을 깊게 들이마신 다음 가늘고 길게 뱉어내는 호흡법은 심리적인 안정은 물론 DNA를 일깨우는 데 매우 유익한 방법입니다.

우리는 왜 사는가?
사는 목적이 무엇인가?
어떻게 하는 것이 진정한 아이 교육인가?
참된 부모의 길은 어떤 것인가?

이런 질문에 아뢰야는 반드시 답을 줍니다.
아뢰야는 씨앗을 심고 유기질 거름을 주고 잡초를 제거하는 일을 잘 알아차립니다. 그러기에 마음을 다스리는 수행은 아뢰야에 활력을 불어 넣고 인생을 멋지게 살게 하며, 아이 교육을 최상으로 해낼 수 있는 힘을 주는 동력이 되는 것입니다.
스님은 수행의 공덕을 이렇게 말씀합니다.

> 보살이 국토를 장엄하여 불국토를 이루는 데 무상의 여의보주가 있다. 이 보주가 '마하반야바라밀'이다. 마하반야바라밀다가 구르는 곳에 일체의 장애가 타파된다. 광명 천지가 열리고 일체 소원이 성취된다.
> ●광덕, 불광법회요전, 바라밀다염송

뇌는 우리가 생각하는 만큼 영민하지 못한 경우가 있습니다. 공교롭게도 뇌는 상상의 세계와 현실의 세계를 구분하지 못합니다. 그러기에 상상의 세계에서 공포를 그리게 되면 현실 세계처럼 바로 뇌로 전달되어 불안 증세를 나타내고 알파파가 줄어들고 베타파를 발생시킵니다. 이것이 우리의 뇌입니다. 부정적인 정보는 교감 신경을 자극하여 혈압 상승, 기관 확장 등을 유발하는 아드레날린, 노르아드레날린 같은 것을 배출시킵니다. 우리의 뇌는 생각하는 대로 자신을 끌고 갑니다. 아이가 가진 무한대의 천재성을 송두리째 거두어 갈 수도 있지요.

DNA의 보고寶庫, 불성佛性

뇌에는 대뇌반구와 척수를 결합시키는 줄기 부분이 있습니다. 대뇌반구와 소뇌를 제외한 가늘고 긴 형태로 연수, 교각, 중뇌, 간뇌를 모두 포함하는 부분을 뇌간이라고 합니다. 뇌간에는 뇌의 중축이 되고 생명 유지에 관여하는 중요한 기능 중추가 존재하는 등 뇌 전체의 기능에 있어 매우 중요한 위치를 차지하지요.

뇌간은 좁은 영역이지만 매우 중요한 기능이 집중되어 있어요. 이곳에 신경세포가 산재하여 연결섬유가 망상 구조를 형성하는 망양체網狀體라는 세포 집단망이 있는데 망양체는 다음과 같은 중요한 역할을 수행하는 것으로 알려졌습니다.

- 의식의 유지, 각성과 수면 사이클의 조정
- 운동신경계의 조절
- 감각신경계의 조절
- 호흡중추로서의 작용
- 순환기 계통의 중추(심장, 혈관계)의 작용

이렇게 뇌간은 의식·호흡·순환의 중추로서 생명 유지를 위한 가장 중요한 기능을 하고 있으며, 또 두부에서 경부에 걸쳐 중요한 운동기·감각기의 기능을 담당하는 신경이 많이 존재하는 장소입니다.

뇌 과학자들은 뇌간을 적극적으로 일깨워야 한다고 말합니다. 위급한 상황에서 무거운 물건을 번쩍 들어 올린다든가 높은 담을 순간적으로 오르는 등의 초월적 힘이 뇌간으로부터 나온다는 거지요. 이 초월적 힘의 근원이 무엇일까요?

잠재능력입니다. 잠재능력은 꽃씨가 그 꽃이 갖는 특성을 모두 함축하고 있듯 전생의 DNA 속에 함축되어 있습니다. 다시 말해 DNA 속에는 위급한 상황에서 자신과 타인을 보호할 수 있는 초인적인 능력이 본래 갖추어져 있다는 것입니다.

붓다는 깨달음을 이룬 뒤 일체 중생을 향해 첫 사자후하되 "일체 중생을 보니 여래의 덕성이 구족하다"고 설파했습니다. 붓다의 말씀처럼 우리의 잠재능력은 갑자기 하늘에서 떨어진 것이 아니라 이미 구족해 있는 것입니다. 전생부터 가지고 있는 DNA인 것이지요.

뇌간은 무의식적으로 작용하기 때문에 논리적인 판단이나 의지로써는 작동시킬 수 없습니다. 단 1%의 의심과 두려움이 있어도 이를 수 없어요. 자기 자신에 대한 100%의 신뢰와 사랑이 있어야만 합니다. 뇌간으로 들어가는 가장 쉬운 길은 '오직 한마음'에 있다고 하지요? 이 말은 뇌가 완전하지 못함을 말합니다. 완전하지 못하다는 말은 가해지는 자극에 따라 얼마든지 변화할 수 있음을 나타내는 것입니다.

DNA를 발현하기 위해서는 '오직 한마음'이어야 합니다. 한마음을 이끌어내는 정신 집중은 참선 수행을 통해 이루어질 수 있습니다. 선 수행은 깨달음으로 가는 길이기도 하지만 전생의 DNA를 일깨우는 최선의 방식이기도 합니다. 백척간두진일보百尺竿頭進一步, 벼랑에서 한 발자국 더 나아가는 것. 이것이 참선이니까요.

지능 발달의 요체는 자극에 있습니다. 다행스럽게도 아이들이 커가는 과정에 만나는 모든 일들이 다 자극이 됩니다. 이 자극이 아이가 가진 전생의 DNA를 일깨우는 것입니다. 절망과 좌절, 그리고 성공으로 이어지는 숱한 일상의 일들은 하늘이 우리에게 준 자비의 선물입니다. 우비고뇌가 없으면 깨달음에 이를 수 없습니다. 산고 없는 출산이 있을 수 없듯 우비고뇌가 있기에 우리는 역동적인 삶을 살 수 있습니다. 질병이 있기에 탐욕을 줄일 수 있고 고통이 있기에 타인의 고통에 공감하며 고통을 함께할 수 있습니다.

우리가 가지고 있는 불성은 무한 능력장能力藏의 세계입니다. 그러기에 DNA 속에는 무한의 가능성이 있는 것이지요. 이것은 부정할 수 없는 영원한 진리입니다. 스님은 이렇게 사자후합니다.

> 우리의 본성이 불성이고 불심이다. 그러므로 무한의 능력, 무한의 가능성을 지니고 있는 것이다. 우리가 지닌 무한의 재능은 이것이 불성의 것이요, 부처님에게서 온 것이다.
>
> ● 광덕, 반야의 종소리, 무한을 향해 성장하는 사람

DNA의 주인으로 키우기

유정이는 무엇이든 쉽게 결정하지 못합니다. 결정을 내리면 어머니가 간섭을 하여 계획을 바꾸니까요. 문제는 어머니의 마음가짐과 기분에 따라 계획이 달라진다는 것입니다. 그래서 유정이 마음대로 일을 결정하고 추진할 수가 없어요.

며칠 전에는 이런 일이 있었어요. 클라리넷을 배우고 싶어 학원을 보내달라고 하자, 영어학원에 다닐 것을 권유 받았습니다.

안타깝게도 많은 아이들의 DNA가 유정이처럼 외부의 요구와 환경에 의해 디자인당하고 있습니다. 집에서는 부모에게, 학교에서는 선생님, 사회에서는 기성세대에 의해 디자인당합니다. 모두가 '이래야만 한다, 그렇게 하면 안 된다'라고 합니다.

DNA의 주인이 되기 위해서는 자신이 가진 불성을 깨우는 일이 중요합니다. 다시 말해 우리의 생명이 붓다와 동일한 생명임을 일깨워야 한다는 뜻입니다.

스님은 이렇게 말씀합니다.

우리는 부처님의 무한 공덕을 이어받은 자다. 반야바라밀다를 염할 때 이 사실을 확인하게 된다. 거기서 큰 지혜와 아름다운 품성과 뛰어난 능력이 원래 갖추어져 있음을 본다.

우리는 원래 축복받은 자이며 아름답고 행복하게 살아갈 모든 재능을 갖춘 사람이다. 그러므로 '나는 못났다', '불행할 수밖에 없다', '인생은 절망이다' 하는 등 스스로 한정하거나 부정해서는 안 된다. 그것은 자기 스스로를 불행하게 만들고 부처님께 받은 무한 공덕을 거부하는 것이다.

● 광덕, 반야의 종소리, 우리는 불자 무한 공덕신이다

주인공으로 키우기

아이를 주인공을 키우기 위해서는 아이의 완전성을 인정해 주어야 합니다. 독립된 인격체로, 완전한 전인체로, 그리고 무한 능력을 소유한 절대의 생명으로…….

중국 당나라 때 서암 화상은 매일 자기 스스로를 불러 "주인공아!" 하고는 "예!" 하고 대답했다고 합니다. "깨어 있느냐?" 묻고는 "예!" 했다고 합니다. 『오등회원』에 나와 있는 이 이야기는 선방의 화두가 되었지요.

DNA의 주인이 돼라

사람은 전도된 몽상 속에서 잘못된 정보를 가지고 삽니다. 부모와의 관계, 형제와의 관계, 친구와의 관계, 이웃과의 관계 속에

서 말이지요. 이런 관계성을 유지하다 보면 좋은 일도 있고 나쁜 일도 있게 됩니다. 이런 일련의 일들이 어떤 사람에게는 잊지 못할 추억이 되기도 하고 어떤 사람에게는 상처가 되기도 합니다. 또 어떤 사람은 상처를 받지만 쉽게 툭툭 털어버리고 집착을 쉬기도 합니다.

다행히 집착을 쉬면 DNA가 휴식을 취하고 희망을 준비합니다. 뇌는 나쁜 정보를 잘 받아들이지 않으려는 속성을 갖고 있기 때문이지요. 나쁜 정보는 머리에 축척될수록 인생을 질곡으로 끌고 갈 가능성이 있습니다. 그래서 현명한 사람들은 유전형질의 노예로 살지 않고 주체적인 인간으로 살고자 노력합니다.

우리의 뇌 속에는 약 140억 개라는 뇌세포가 있습니다. 이 뇌세포 속에는 개발을 통해 최고가 될 수 있는 수많은 전생의 DNA가 숨어 있답니다. 그러기에 자신이 열중할 수 있는 뇌세포를 알아낸다면 뛰어난 재능을 발휘할 수 있는 것이지요.

인생이 괴로운 것은 왜일까요? 붓다는 집착 때문이라고 진단했습니다. 집착을 놓아야 괴로움이 사라진다는 것입니다.

그럼 붓다가 말씀한 고苦의 진리는 전생의 DNA와 어떤 연관성이 있을까요? 붓다는 이를 사제법四諦法으로 설명하고 있습니다. 사제법이란 네 가지의 틀림없는 진리라는 뜻으로 그 중의 하나가 집성제集聖諦입니다. 이 집성제는 고의 원인은 어디까지나 끝없이 구하는 애착과 집착 때문이라고 가르칩니다.

집착은 전생의 DNA를 교란하는 첫 장애물입니다. 그러기에 이 장애물을 뛰어넘지 않으면 안 되지요. 장애물을 뛰어넘어야 전생의 DNA를 일깨울 수 있습니다.

전생의 DNA을 일깨우기 위해서는 주체적인 삶을 살아야 합니다. 나를 버리는 수행, 나를 앞세우지 않고 남을 위해 사는 이타행利他行을 해야 한다는 것입니다. 이런 마음을 가질 때 진정한 DNA의 주인공이 될 수 있습니다. 우리 아이만이 남보다 공부를 더 잘해야 하고, 더 똑똑해야 하고, 더 잘 나가야 하고, 더 리더십이 있어야 하고, 더 꿈이 커야 한다고 생각하는 것은 전도顚倒된 몽상夢想입니다.

전도된 몽상 조파하기

어두운 밤중에 보니 앞에서 시커먼 것이 마구 흔들립니다. 무서워 줄행랑을 놓습니다. 다음 날 아침 그곳을 가 보니 버드나무 가지에 비닐 조각이 걸려 있는 것입니다. 만약 다음 날 그곳을 찾지 않았다면 이 사람에게는 영원히 귀신이라는 무서움으로 그 장면이 기억될 것입니다.

이것이 전도몽상입니다. 우리가 아이를 키우며 생각하는 모든 것들이 거의 전도몽상입니다. 부모가 채찍질하면 아이는 더 앞으로 나갈 것으로 믿습니다. 훈계하면 더 말을 잘 들을 것으로 믿습니다. 밤늦도록 잠자리에 못 들게 하고 공부를 시키면 공부를 잘할 것으로 믿습니다. 그러나 사실은 그 반대입니다.

스님은 이런 부모에게 이렇게 법문을 줍니다.

생명을 꽃 피우고 국토를 성취하는 위대한 힘이 우리에게 주어져 있다. 그런데도 우리들은 너무나 현상에 사로잡히고 경계에 집착하며 감정의 포로가 되어 살고 있다. 육체의 힘, 환경조건에 매달려 일희일우(一喜一憂)하고 있다. 자성태양 무한 공덕인 반야바라밀다를 염하며 생활과 환경과 국토 위에 무한한 창조력을 발휘해야 한다.

• 광덕, 빛의 목소리 1, 진리가 나를 움직인다

인간은 행복하기 위해 존재하는 것입니다. 아이를 키우는 것도 행복해야 합니다. 그러나 많은 부모들은 아이를 키우며 행복을 느끼지 못하고 있습니다. 아이까지 웃음을 잃고 있어요. 행복하기 위해 존재하는 삶이 불행을 지향해 가니 전도된 몽상이라고 할 수 있습니다.

『대지도론』에서는 뒤바뀐 몽상을 이렇게 설명합니다.

깨끗하지 않은 것[不淨] 가운데 깨끗하다[淨] 하는 뒤바뀜이 있고
괴로운 것[苦] 가운데 즐겁다[樂] 하는 뒤바뀜이 있으며
항상함이 없는 것[無常] 가운데 항상함[常]이 있다고 하는 뒤바뀜이 있고
나라는 것이 없는 것[無我] 가운데 나라는 것[我]이 있다는 뒤바뀜이 있다.

이 네 가지의 뒤바뀜. 이로 인해 미혹되게 살고 이 미혹으로 인해 괴로움에 빠집니다.

우리는 내가 낳은 아이에게 네 가지 뒤바뀜으로 집착을 일으킵니다. 그 집착이 이루어지지 않을 때 한없는 괴로움에 빠져들게 됩니다. 아이에 대해 지극히 정(淨)하다고 생각하기에 아이에게 사력을 다해 올인합니다. 아이와 함께 있다는 생각에 낙(樂)을 일으키

게 됩니다. 이 낙이 항상할 것[常]이라는 기대에 아이가 부응하지 못하게 되니 괴로움에 빠지게 됩니다. 또한 아이에게 일으키는 마음이 실제로 존재하고 내 몸을 실제로 존재하는 것[我]으로 잘못 집착하기에 아집으로 인한 괴로움에 빠지게 됩니다.

공 입장에서 보면 깨끗하고 더럽다는 분별심, 괴롭다거나 즐겁다는 분별심, 무상하다거나 항상하다는 분별심, 내가 있다거나 없다는 분별심은 실제로 존재하는 것이 아닌 몽상입니다. 아이가 잘생기건 못생기건, 남자건 여자건 생명의 실상은 오로지 불성생명, 정녕 이것 밖에는 없는 것입니다.

그런데도 자꾸 분별망상에 젖어 스스로 괴로움의 늪으로 빠져 듭니다. 그러므로 우리는 이 세상이 모두 공한 것임을 비추어 보고 일체의 모든 현상계가 공임을 조파하고 집착하지 않아야 합니다.

이것이 바라밀다 수행입니다. 아이에게 잔소리를 줄이고, 소유물이 아닌 인격체로 대할 수 있도록 만들며 무한 절대의 생명으로 바라볼 수 있도록 만드는 수행이 바라밀다 수행입니다.

붓다는 말씀했어요. 자식은 수천이 있어도 인연의 화합이라고. 이 말씀 속에는 "자식은 소유물이 아닌 인격체이다", "부모와 자식 사이는 평등적 관계이다"라는 가르침이 숨어 있습니다.

가정은 바다 한가운데 떠 있는 사바의 섬입니다. 이 사바의 섬에서 부모와 자식은 인연에 의해 잠시 머물다 갈 뿐입니다. 그러기에 인연이 다하면 서로의 길을 갈 것입니다.

붓다는 이렇게 설하고 있지요.

가정은 한 가족의 마음이 가장 가깝게 접촉하여 사는 곳이므로, 가족이 서로 화목하면 꽃동산과 같이 아름다운 곳이다. 만일 마음과 마음의 조화를 잃으면, 사납고 무서운 풍파가 일어나서 파멸을 가져오는 것이 지옥과 같은 곳이다. 이런 경우에 각자가 다른 사람의 일은 말하지 않고, 스스로 자기 마음을 고쳐 바른 길을 정당하게 밟아가지 않으면 안 된다.
● 파리증지부

"가정은 가족이 서로 화목하면 꽃동산과 같이 아름다운 곳"
이것이 정토 가정의 모습입니다. 부모가 일궈야 할 가정의 유토피아utopia, 이상향입니다.
가정은 행복한 도량이 되어야 합니다. 큰소리 내지 않고, 서로를 섬기고 위하며 사는 수행처가 되어야 합니다. 아이는 어른을 섬기고, 어른은 아이를 위하는 터전이 되어야 합니다. 신경질을 부리고 서로의 가슴에 상처를 남기는 곳이 되어서는 안 됩니다.
스님은 말씀합니다.

가정은 기초적 수행의 장소입니다. 서로 존중하고 받들고 사랑하며 조건 없이 베풀고 돕는 기본적인 보살의 생활을 배우는 곳입니다.
● 광덕, 생의 의문에서 해결까지, 가정은 어떤 의의가 있는 것입니까

더 가치 있는 일
우리의 뇌에는 불필요한 정보들이 엄청나게 쌓여 있습니다.

어떤 사람들은 이런 정보에 매이기도 하고 툭툭 털어버리기도 합니다.

불필요한 정보를 버리는 일은 매우 중요합니다. 버린다고 해서 잘 잊히는 것이 아니니 생각이 일어날 때 얼른 회광반조回光返照하여 '이런 생각을 하고 있는 나는 누구인가?' 하고 되물어야 합니다. 그러면 우리의 DNA는 그런 왜곡된 정보에 끌려가지 않게 됩니다. 그럼으로써 평정심을 되찾고 평온함을 유지할 수 있습니다.

아이들은 무언가에 열중할 때 뇌가 계발됩니다. 숨어 있던 전생의 DNA가 깨어나는 것입니다. 그런 줄을 모르고 부모들은 아이만 보면 공부하라고 닦달합니다.

아이가 가진 전생의 DNA를 발휘하기 위해서는 아이가 집중할 수 있는 일을 찾아주는 일이 중요합니다. 외우기, 읽기, 쓰기, 셈하기에 집중을 못하는 아이일지라도 생활 한가운데서 아이가 집중할 수 있는 일들은 널려 있습니다. 외워서 금방 날아가 버리고 자라서 쓸모없는 지식 하나 더 알게 하기보다는 잠자고 있는 전생의 DNA를 일깨워 주는 일이 훨씬 값진 일입니다.

스님은 중생들의 깨침을 위해 이렇게 말씀합니다.

> 스님이 즐겨 쓰는 말이 있다. 누가 찾아와 "형편이 이러저러한데 어찌하면 좋겠습니까?" 하면 "몽상에서 깨어나야지" 한다. 한마디로 '꿈 깨어라'이다. ● 송암, 광덕스님 시봉일기 제3권 · 구국구세의 횃불

"꿈에서 깨어나라. 전도몽상에서 벗어나라."

스님은 이렇게 무한한 능력, 타고난 잠재능력, 전생의 DNA을 깨우기 위해 꿈에서 벗어나야 한다고 가르쳤습니다. 그래서 제자는 이렇게 경탄합니다.

"아, 아, 스님은 인간이 아닌 분이야. 인간으로서 그럴 수가 있을까. 내 좁은 가슴으로서는 이해가 다 미치지 못하는구나!"

● 송암, 앞의 책

뇌에도 호흡이 필요한가

현대 과학은 가만히 있는 것보다 자꾸 몸을 움직이는 것이 뇌의 기능을 일깨우는 데 중요한 역할을 한다는 것을 밝혀냈습니다. 다시 말해 학습능력이나 사고력, 분석력 등의 뇌 활동이 몸 전체와의 상호작용 속에 이루어지는 것입니다. 따라서 뇌를 활성화시키기 위해서는 몸을 자주 움직여 주어야 합니다. 신체의 움직임은 신경세포망을 활성화시켜 학습능력을 향상시키기 때문이지요.

그런데도 학교에서나 집에서 아이의 행동이 부산하면 산만하다고 꾸짖습니다. 공부할 때 몸을 뒤튼다고 야단을 칩니다. 제일 안 좋은 공부 방법은 로봇처럼 행하는 단조로운 공부 방식임을 모르는 것이지요.

학교에서 집으로 돌아오자마자 학원에 가고 과외 선생을 만나러 가고 학습지를 풀어야 하는 밋밋한 공부 방식으로는 뇌가 활성화되지 못합니다.

시간은 흘러 아이는 부쩍부쩍 자라는데 부모는 아이를 한정된 틀에 가두려 하니 아이는 능력을 제대로 발휘하지도 못하고 어린 시절을 보내는 안타까운 일이 벌어집니다. 아이에게는 많이 보고, 듣고, 생각하고, 느끼고, 체험하는 일이 무엇보다 중요합니다.

"뇌는 환경의 지배를 받는다."

뇌를 연구한 학자들의 공통된 견해입니다. 환경은 우리의 생활 전반을 지배합니다. 환경은 그 환경에 맞도록 인간을 디자인합니다. 깡패가 될 환경에서 자란 아이는 깡패가 될 확률이 높고 동화작가가 될 환경에서 자란 아이는 동화작가가 될 확률이 높습니다.

붓다의 말씀처럼 향을 쌌던 종이에는 결코 썩은 생선 냄새가 나지 않습니다. 종이가 제아무리 거부해도 향을 쌌던 종이에는 향내가 배게 마련입니다. 전생의 DNA도 이와 같습니다.

"전생의 DNA는 풍부한 환경과 다양한 경험에 영향을 받는다."

교육학자나 뇌 과학자들이 매우 좋아할 말입니다. 축구를 많이 하는 아이는 그렇지 않은 아이보다 순발력과 지구력이 발달하는 것은 지극히 당연합니다.

미국의 버클리대의 연구팀이 '지루함이 뇌에 주는 영향'을 분석한 결과 단조로운 생활을 하는 경우에 뇌가 퇴보한다는 사실을 밝혀냈습니다. 그래서 학자들은 자극 없는 지능 향상은 불가능하다고 결론짓는 것입니다. 자극은 뇌를 발달시키고 인성을 바르게 일으키며, 역동적인 삶을 살게 하는 동력이 되는 셈이지요. 그러기에 고생이 없는 삶, 굴곡이 없는 삶은 인생의 가치를 깨닫기 어렵습니다.

이런 측면에서 보면 뇌에게 에너지를 공급하는 일이 얼마나 중요한지 알게 됩니다. 에너지가 무엇일까요? 바로 '자극'입니다. 최근 널리 알려져 있는 뇌를 숨 쉬게 하는 일입니다. 다시 말해 DNA에 산소를 공급하고 숨을 쉬게 하는 일입니다. 뇌를 숨 쉬게 하는 일은 아이에게 집중력을 발휘하여 최고의 컨디션으로 학습할 수 있도록 돕는 일을 합니다. 미국의 르노대 인간발달학과 제프리 레이Geoffery Leigh 교수의 말입니다.

뇌 호흡 수업을 받을수록 아이들은 자신에게 집중한다. 느낌을 표현하는 학습을 통해 진정한 자의식이 발달한다. 스스로 정보를 선택하고 컨트롤할 힘을 키운다고 볼 수 있다. 이는 상당히 놀라운 점이다.

뇌에게 에너지를 주는 것은 놀라운 점이라는 이 말은 '자극'이 아이가 가진 전생의 DNA를 일깨우는 청량제 역할을 한다는 뜻입니다.

스님은 말씀합니다.

어린이에게는 부처님 공덕이 원만하고 무한한 가능성이 있다는 것을 믿고 대하여야 한다. 어린이가 본래 가지고 있는 자신의 지혜와 능력을 열어 가는 것이 성장이고 그것을 돕는 것이 교육이다.

● 광덕, 반야의 종소리, 어린이의 본래 능력을 키우자

이것이 교육의 역할입니다. 마술사가 되는 첫걸음이 빈 모자에서 새가 나온다는 사실을 믿는 일인 것처럼 아이 교육의 첫걸음은 아이를 무한한 가능성의 주인공으로 대하는 것입니다. 그래야 본래 가지고 있는 지혜와 능력을 열어 가게 됩니다.

레이 교수도 이렇게 말합니다.

어른들은 자신을 사랑하고 존중하는 마음을 키워 줘야 한다. 자신이 누구인지 스스로 표현할 수 있도록 가르쳐 주어야 한다.

스님과 레이 교수의 가르침은 자아존중감과 밀접히 연관되어 있습니다. 자아를 존중할 때 아이의 생명력은 성장합니다. 뇌가 성장합니다. 타고난 DNA가 성장합니다. 자신을 별 볼일 없다고 생각하는 소심함이 자아를 별 볼일 없는 인생으로 끌고 가는 것입니다.

자신을 귀하게 여기는 아이, 자신을 별 볼일 없다고 여기는 아이.

나는 학교에서 이 간극을 오가며 아이들의 미래를 읽고 있습니다. 자신을 귀하게 여기는 아이는 남을 귀하게 여기고 자아존중감이 높아 스스로 인생을 역동적으로 살아갈 것이라고 믿습니다. 자신을 비하하는 아이는 매사에 자신감을 잃게 되고 자아존중감이 낮으며 스스로 남과 더불어 살아가는 행렬에 낄 수 없다고 믿고 있습니다.

이런 사실을 꿰뚫고 있는 스님은 이렇게 말씀합니다.

우리는 스스로 범부라고 자처하지만 실로는 범부가 아니다. 모두가 부처님이 무한 공덕을 참생명으로 삼고 부처님의 무한 공덕이 충만한 세계를 살고 있다고 하지 않는가. 그러므로 중생이 중생이 아니다. 이 점은 경에도 분명히 말씀하고 있다. 슬픈 마음에서 슬픔이 오고 기쁜 마음에서 기쁨이 모여든다. 공포한 마음에서 공포가 몰려온다.　● 광덕, 빛의 목소리 1, 만능의 행복 능력을 발휘하자

DNA의 최적화 – 좌뇌와 우뇌의 사용

우리가 가진 눈이 한쪽에 치우쳐 있다는 사실을 알고 계신가요? 눈뿐만 아니라 손과 발도 마찬가지입니다. 왼손잡이가 있는가 하면 오른손잡이가 있고 왼발잡이가 있는가 하면 오른발잡이가 있습니다.

우뇌와 좌뇌 역시 각기 차이가 있으며 개인에 따라 더 많이 쓰기도 하고 덜 쓰기도 합니다.

좌뇌	우뇌
분석하기	통합하기
논리적 사고	직관적 사고
문자	이미지
수리력	섬광
읽기	운동기능
짓기	예술성

분석적이고 논리적인 아이는 좌뇌가 발달한 경우라 볼 수 있습니다. 반대로 우뇌가 발달한 아이는 상당히 감성적이고 상상력이

풍부합니다.

뇌의 기능은 다르지만 우뇌와 좌뇌는 서로 협력적인 관계에 놓여 있습니다. 좌뇌가 제 기능을 발휘하기 위해서는 우뇌의 협조가 필요하고 우뇌가 제 기능을 수행하기 위해서는 좌뇌의 협조가 필요합니다. 붓다가 설한 연기의 진리가 우리의 뇌 속에서 적용되고 있는 것입니다. 나는 붓다의 가르침이 이처럼 뇌의 기능에 철저히 적용된다는 사실에 놀라움을 금할 수 없습니다.

세상의 모든 것은 단독으로 존재할 수 없다는 가르침. 이 가르침을 일러 연기緣起, 연기법, 연기의 진리, 이렇게 명명합니다. 연기란 세상 만물이 서로 상관적 관계성 속에서 존재한다는 것을 이릅니다. 부모가 있기에 아이가 존재할 수 있고, 아이가 존재하기 위해서는 부모가 있어야 된다는 것이지요. 부모가 존재하지 않으면 아이가 존재할 수 없고 아이가 존재하지 않으면 부모 자체가 존재할 수 없다는 가르침입니다. 우리의 뇌 역시 이렇듯 관계성 속에 놓여 있습니다.

우뇌형 아이들은 무엇을 기억할 때 이미지화하는 것이 특징이며 몸을 부단히 움직이는 버릇이 있습니다. 부모가 보기에는 기대감이 없어 보이지만 아이는 나름대로 학습의 효과를 꾀하고 있는 것입니다. 우뇌형 아이들은 상상력이 뛰어나지만 인내력이 떨어집니다.

부모는 자신의 아이가 우뇌형인지 좌뇌형인지 알 필요가 있습니다. 책을 읽을 때 우뇌형 아이에게는 숙독을, 좌뇌형 아이에게는 속독을 시키는 것이 DNA를 깨우는 데 좋거든요. 또한 좌뇌와 우뇌는 분리되어 있는 것이 아니라 서로 보완 관계에 있다는 사실을 인식하고 아이의 뇌 습관에 균형을 가져올 수 있도록 노력을 기울이도록 해야 하니까요.

이를테면 우뇌형의 아이는 상상한 것을 글이나 말로 표현해 보는 훈련을 통하여 좌뇌의 활동을 촉진할 필요가 있고, 좌뇌형은 사고나 논리를 이미지나 영상으로 표현하는 훈련을 할 필요가 있습니다.

집중력이 부족할 때

아이의 집중력이 부족한 경우에는 다음과 같은 경우가 있습니다.

- 부부 사이에 불화가 일어나거나, 낯선 환경을 맞이할 때 불안증세로 인해 집중력이 떨어집니다.
- 잠을 충분히 자지 못했거나 피곤함을 느낄 때 집중력이 떨어집니다.
- 주의력결핍과잉행동장애Attention Deficit Hyperactivity Disorder (ADHD)를 가졌을 때 집중하지 못합니다. ADHD는 아동기에 많이 나타나는 장애로, 지속적으로 주의력이 부족하여 산만하고 과다활동, 충동성을 보이는 상태를 말합니다.
- 부모와 제대로 교감을 나누지 못할 때 집중력을 발휘하지 못합니다. 만 6세 이전에 자녀와 충분한 교감이 이루어지지 않으면 권태감을 느끼고 능동적이지 못한 행동을 할 확률이 높습니다.

이와 같은 사실들은 다음과 같은 부모의 조력으로 극복할 수 있습니다.

첫째, 학습량을 조절해 줍니다. 어렵고 힘든 과제를 주면 아이는 쉽게 권태감을 느끼고 학습의욕이 떨어집니다. 아이가 해결할 수 있는 수준, 또는 그 이하의 수준에 있는 학습문제를 제시해야 합니다.

둘째, 아이의 체력을 키워 줍니다. 대부분의 부모는 아이의 점수에만 관심이 있고 체력증진에는 별로 관심이 없는데 체력증진을 위한 배려가 있어야 합니다.

셋째, 못하는 부분을 꼬집지 말고 잘하는 부분을 칭찬해 줍니다. 아이가 시험을 잘 보았다면 "잘했어!"라고 하기보다는 "열심히 노력한 보람이 있구나!"라고 해야 합니다. 잘했다는 기준이 없고 늘 잘할 수만은 없는 법이니까요.

넷째, 공부하는 요령을 가르쳐야 합니다. 가령 '난관'이라는 어휘를 공부할 때 '일을 해 나가면서 부딪치는 어려운 고비'라는 뜻을 무조건 외우게 하기보다는 '우리가 부딪치는 난관을 헤쳐 나가지 않으면 불행을 만날 수 있다'와 같이 문장 속에서 어휘를 자연스럽게 익히는 것이 효율적이지요. 어휘에서 풍기는 뉘앙스를 파악하는 것도 중요하니까요.

다섯째, 수식관(호흡관) 훈련을 시킵니다. 하나부터 열까지 호흡을 헤아리는 수식관은 자신을 일깨우고 집중력을 향상시키는 데 매우 유익한 방법입니다.

여섯째, 휴식을 취하게 하십시오. 아이가 학교에서 돌아오자마자 공부해라, 학원 가라, 숙제해야지 하며 재촉하는 것은 아이를 불안하게 하고 집중력을 방해합니다.

일곱째, 놀이를 할 수 있도록 배려해야 합니다. 노는 것이 공부의 상대어라는 생각을 지워야 합니다. 아이들은 놀이를 통해 사회성을 배우고 어른들이 생각하지 못하는 학습을 합니다. 아이가 친구들과 놀다가 싸우는 것도 학습입니다. 싸움을 통해 남과의 대립은 고통을 불러일으킨다는 사실을 깨달을 수 있고 대화와 소통이 얼마나 중요한 것인가를 깨달을 수 있기 때문입니다.

특히 유아들에게는 한글을 익히는 것이 아이에게 큰 도움이 되지 못함을 인지해야 합니다. 한글을 익히는 시간에 밖에 나가 흙을 만지며 노는 것이 낫습니다. 흙을 만짐으로써 질감과 양감, 모양의 변환, 상상력 등 복합적인 학습효과를 꾀할 수 있기 때문이지요.

알아차림

"나이가 먹어 공부는 이제 틀렸어."

어른들 중에는 종종 이렇게 말하는 사람들이 있습니다. 이 말은 뇌 성장이 멈추고 이제는 매사에 가능성이 없다는 것으로 해석할 수 있습니다.

그러나 뇌 과학자들은 이런 단언을 부정합니다. 뇌는 쓸수록 발전하고 개발된다는 것이지요. 일례로 신경회로인 시냅스를 들고 있는데 시냅스는 새로 생기기도 하고 강화되기도 하며 퇴화되기도 한다는 것입니다. 뇌를 사용할수록 시냅스는 회로가 튼실해지고 쓰지 않으면 회로는 없어지고 막혀버리고 맙니다.

스님은 전생의 DNA인 큰 마음과 큰 꿈, 큰 생각이 무한능력장임을 선언하고 있습니다.

밝고 위대한 창조자는 바로 우리의 마음이며 생명이다. 우리의 마음이 전능적인 창조주이다. 자신을 상상한 대로 자신을 이루어 간다. 위대한 인간이라고 생각하면 자기는 그렇게 되고 불운하다고 생각하면 불운한 인생이 되고 만다. 우리의 마음이 전능자, 조물주이기 때문이다. 형제여, 희망의 등불이 꺼진 듯 보이더라도 결코 실망하지 마라. 우리에게는 큰 마음, 큰 꿈, 큰 생각이 원래로 있어 새로운 희망과 용기와 성공의 싹은 얼마든지 솟아난다.

● 광덕, 빛과 연꽃, 밝고 위대한 창조자

DNA를 활성화시키기 위해서는 뇌에 의식을 집중하는 수행이 좋습니다. 일종의 '알아차림' 수행법이라 할 수 있지요. 알아차림은 뇌에 에너지를 공급함과 동시에 잠재된 DNA를 일깨우는 데 매우 요익하지요. '알아차림'이란 특정한 말과 행동에 어떻게 반응하는지 자신을 알아차리는 수행입니다. 수행 중에는 감정에 절대로 끌려가면 안 됩니다. 감정을 들여다보아야 합니다.

양쪽 뇌의 평형

뇌의 평형을 맞추는 것은 어렵지 않은 일입니다. 물론 뇌를 꺼내 손으로 주물러서 균형 있게 만들 수 있다면 참 좋겠지요. 그러나 그것은 상상 속에서나 가능한 일이고, 현실에서는 의식으로 평형을 맞추어야 합니다.

방석을 깔고 앉아 참선 자세를 취합니다. 그리고는 뇌에 의식을 집중하면서 오른쪽 뇌와 왼쪽 뇌의 평형을 이루기 위한 작업을 진행합니다. 예컨대 오른쪽 뇌가 너무 크다면 오른쪽 뇌를 눌러 줍니다. 그러면 오른쪽 뇌의 부피가 왼쪽 뇌로 옮겨가게 되겠지요? 뇌에 상처가 났다고 생각하면 얼른 치료를 해주고 '나의 뇌는 완벽하다'는 선언을 해주세요.

소위 '마인드 컨트롤' 요법을 사용하는 것입니다. 이 마인드 컨트롤 요법 역시 매우 요긴한 수행법으로 완전한 육체적 건강과 정신적 건강을 회복시키고 잠자는 DNA를 일깨웁니다. 심리학에서 이야기하는 자기통제, 자기암시라 할 수 있지요. 운동선수에게 마인드 컨트롤이 집중력을 향상시키는 데 큰 효과가 있듯이 마인드 컨트롤은 의식을 변화시키는 데 매우 유용합니다. 의식의 변화는 신체의 변화를 가져오거든요.

암에 걸려 반년밖에 살 수 없다고 선고받은 사람들에게 실험한 예가 있습니다. 실험에 임한 심리학자들은 의사의 진단처럼 실제 증상이 가벼운 편이라는 메시지를 전달합니다. 그리고는 효과가 대단한 신약이 발견되었다며 약효가 전혀 없는 가짜 약을 주고 이 약을 복용하면 증세가 개선될 것이라고 암시를 줍니다. 그러자 실험집단 환자들의 수명은 증가되었고 암을 극복한 사람들이 늘어났습니다. 이것을 위약 효과僞藥效果 또는 플라시보 효과placebo effect라고 부릅니다.

우리의 의식은 뇌와 전생의 DNA를 변화시킬 수 있는 힘을 가지고 있어요. 암을 극복할 수 있는 절대긍정이 플라시보 효과라는 심리학 용어를 만들어 냈습니다. 플라시보 효과는 우리의 의식을 바꾸고 신체적인 변화를 가져오게 합니다.

스님은 말씀합니다.

어린이에게 무한한 진리가 깃들여 있는 것을 믿자. 길가에 흩어져 있는 이름 없는 풀에게조차 우주의 신비가 담겨 있지 아니한가. 그러하거늘 어찌 어린이에게 재능이 없겠는가? 어린이의 뛰어난 재능을 신뢰하자. 그리하여 어린이에게 깃든 고귀한 천품을 때 묻히거나 매몰시키지 않도록 도와주자. ● 광덕, 빛과 연꽃, 어린이와 금강석

부모는 아이를 바라볼 때 무한한 가능태로 보아야 합니다. 큰 인물이 될 거라는 믿음을 가져야 합니다. 그럴 때 DNA는 만발을 하게 됩니다.

평형을 이루게 하는 데 물리적인 방법도 있지요. 머리 전체를 양 손끝으로 톡톡 두드려 주는 것입니다. 그러면 혈액순환이 좋아져 머리가 맑아지고 기혈이 좋아집니다.

Part 2
아이의 무한 보고, 전생의 DNA

부처님 꽃동산에는 이 세상의 모든 꽃들이 다 모여 있어. 빠짐없이 말이야. 아주 평화스럽게 일체 차별 없이 서로 어우러져 장관을 이루고 있지.

스승은 제자에게 잠재능력을 꽃동산에 비유해 말했습니다. 이 잠재능력의 바다에는 모든 꽃들이 다 모여 있다는 가르침을 주었습니다. 평화스럽게 차별없이. 이 평화스럽고 차별 없는 세계. 이 세계는 어떤 모습일까요? 스승은 〈장관〉이라고 표현했습니다. 아이의 잠재능력, 아이가 가지고 있는 DNA는 그야말로 장관입니다. 그래서 범화, 진리의 꽃이라고 말합니다.

송암, 광덕스님
시봉일기 제2권,
징검다리

아이의 무한 능력

> 나는 앞서 간 수행자들의 도를 얻었으며 앞서 간 수행자들의 길을 따라 걷는다. 앞서 간 수행자들이 걸어간 이 길을 지금의 나 또한 따라 걷는다.

『잡아함경』에 있는 붓다의 말씀입니다. 붓다는 이처럼 종교적 도그마dogma에 빠지지 않았습니다. 모두가 공감할 수 있는 보편적 진리를 설했지요. 붓다를 인류의 위대한 지성, 위대한 스승, 위대한 교사라고 칭송하는 이유가 여기에 있습니다.

세상에는 인류를 향도해 온 성인이 여럿 있지만 붓다처럼 도그마에 빠지지 않은 성인은 많지 않습니다. 붓다는 스스로 말씀했듯 수행자의 발길을 따라갔고 그 길을 가르쳤을 뿐입니다.

2500여 년간 인류의 품성을 드높인 불교의 역사 가운데 불교가 지닌 보편성과 합리성을 잘 보여 주는 한 경전이 있습니다. 밀린다팡하Milindapanha라 불리는 『밀린다왕문경』이 그것입니다.

이 경은 기원전 2세기 후반, 서북 인도를 지배한 그리스의 밀린다Milinda 왕과 학승인 나가세나Nagasena 존자와의 대화를 기록한 것입니다. 밀린다 왕은 간다라와 퍅잠 지방을 병합하고 인더스 분지까지 점령하는 영토 확장정책을 펴고 선정을 두루 베푼 왕입니다. 그에게 있어서 전환점을 맞은 것은 나가세나 존자를 만난 후였습니다. 나가세나는 인생의 질곡을 딛고 성숙을 꾀하기를 열망한 밀린다 왕에게 청천벽력 같은 예지를 안겨준 수행자였습니다.

왕이 물었다.
"당신의 근원적 시작은 인식되지 않는다고 할 때 그 '근원적 시작'이란 무엇을 의미합니까?"
"대왕이여, 사라져 버린 과거의 시간은 모두 근원적 시작입니다."
"그렇다면 당신이 근원적 시작은 인식되지 않는다고 할 때 그 근원적 시작은 어느 것이나 인식되지 않습니까?"
"어떤 것은 인식되고 어떤 것은 인식되지 않습니다."
"어떤 것이 인식되고 어떤 것이 인식되지 않습니까?"
"대왕이여, 그 이전에는 무명이 어떤 형태로나 양태로나 전혀 존재하지 않았다고 하는 그런 근원적 시작은 인식되지 않습니다."

『밀린다왕문경』의 '윤회하는 생존은 시작이 없다'에 나오는 이 대목에서 전생의 존재를 인식합니다. 지금 이 생의 전생이 태어날 때부터 현시점까지 존재하듯 태어나기 이전의 전생이 분명함을 보여 주는 문답입니다.

아이들이 가진 무한 잠재능력, 전생의 DNA라 부르는 이 잠재능력의 한계는 어디까지일까요?

3학년인 정수는 글짓기를 잘합니다. 선생님은 생활통지표에 이렇게 기록했습니다.

'어휘력이 풍부하고 문장구성력이 돋보임'

여기서 어휘력이라 하면 3학년에 맞는 수준을 말합니다. 3학년을 넘는 어려운, 어른들의 표현에나 어울리는 어휘력을 말하는 것이 아닙니다. 문장구성력 역시도 마찬가지입니다.

문제가 생긴 것은 얼마 뒤였습니다. 글짓기 대회에 나간 정수는 보기 좋게 미끄러졌습니다. 어머니는 아이에게 말했습니다.

"네가 어휘력이 풍부하다고? 말해 봐! 질곡이란 말이 뭐야? 변곡점이 무슨 말인지 알아? 문장구성력이 뭐야? 너희 선생님 엉터리구나."

정수는 생각했습니다.

'그래, 난 쉬운 낱말도 제대로 모르는 아이야. 글짓기도 잘 못해. 선생님도 잘못 만났어.'

정수는 자기 능력이 절대 부족하고 엉터리 선생님을 만났다고 인식했습니다. 정수의 성적은 급격히 떨어졌고 선생님도 싫어졌습니다.

부모의 말 한마디에 의해 아이가 가지고 있는 무한 능력의 보고인 DNA가 싹둑 잘라져 나갔습니다.

무한대의 생명, 무한대의 잠재능력을 지닌 것이 아이들입니다.

초등학교에서 오랫동안 아이들을 가르쳐 온 선생님은 이렇게 말합니다.

　　아이들은 어른이 생각할 수 없는 정신세계를 가지고 있습니다. 아이들 모두가 천재이니까요. 그런데도 천재로 성장하지 못하는 것은 어른들 때문입니다. 과학적 사실과 논리적 사고로 무장하고 있는 어른들 앞에서는 아이들의 천재성은 무시됩니다. 서점과 도서관에 꽂혀 있는 동화童話의 세계를 어른들은 이해하지 못하니까요.
　　　　●민병직, 머리를 물들여본 아이가 성공한다, 아이만이 별나라에 갈 수 있다

　　이처럼 아이들은 아이들만의 정신세계가 있습니다. 이 세계를 인정하느냐 그렇지 않느냐에 따라 아이들은 천재로 성장할 수도 있고 그렇지 않을 수도 있습니다. 부모의 태도와 믿음에 따라 아이는 천재로 성장할 수 있고 그렇지 않을 수도 있습니다. 이것이 긍정의 힘입니다.
　　마땅히 부모는 아이를 긍정의 눈으로 바라볼 것입니다. 긍정의 눈은 전생의 DNA를 일깨워주는 영약입니다.
　　스님은 말씀합니다.

　　우리는 축복받은 생명이다. 우리의 참생명인 자성은 태양보다 밝고 허공보다 넓으며 바다보다 깊고 온갖 원만한 능력과 덕성이 가득 넘친다.
　　　　●광덕, 마음이 바뀌면 세상이 바뀐다, 생명

"참생명의 자성은 태양보다 밝다. 허공보다 넓다."

이 시대의 큰별 광덕스님이 부모에게 던지는 간절한 법문입니다. 두 손을 합장하고 '아하, 그래서 축복받은 생명이구나!' 하고 되어 보세요. 그 순간 아이는 축복받은 생명으로 태어남을 보여 줄 테니까요.

현순이는 초등학교 1학년입니다. 1년에 한 번 실시되는 현장학습을 갔습니다. 아이들의 정서적인 발달을 최우선에 둔 선생님은 아이들을 데리고 수목원으로 갔습니다. 호기심이 많은 현순이는 낯선 풀을 뽑아 왔습니다.

"선생님, 이 풀 이름이 뭐예요?"

"와, 신기한 풀을 뜯어 왔네?"

선생님은 답 대신 얼른 재치 있게 아이를 칭찬했습니다.

"아, 이 풀 이름이 뭐더라……. 생각이 날 듯 말 듯 하면서 잘 안 나네. 갑자기 물으니까 더 그런 걸. 내일 알려줄게."

현장학습이 끝나고 집에 온 현순이는 아버지에게 물었습니다.

"이 풀 이름이 뭐야?"

"선생님께 여쭤 봤어야지, 녀석아."

"여쭤 봤는데 생각이 잘 나지 않는다고 하셨어. 내일 가르쳐 주신대."

"그래? 그럼 좀 기다려 보렴. 아빠도 이 풀 이름을 모르겠는걸."

선생님은 그날 인근의 도서관을 달려가고 인터넷을 샅샅이 뒤져 풀 이름을 알아냈습니다.

"현순아, 이제야 생각났다. 그 풀 이름은 '금마타리'야. 금마타리는 싹이 틀 때 잎이 두 개지. 그리고 여러 해 동안 산단다."

현순이는 집에 돌아와 아버지에게 말했습니다.

"아빠, 이 풀이 금마타리래. 아빠도 모르는 것을 선생님이 가르쳐 주셨어."

"거 봐. 선생님이 최고라고 하지 않았니?"

아버지는 사실 그 식물의 이름을 알고 있었습니다. 아버지는 식물학을 가르치는 교수로 식물에 관련한 여러 저서를 가지고 있는 식물학자였습니다.

아이 앞에서 행하는 부모의 위세는 아이의 사고력과 창의력을 빗나가게 할 수 있습니다. 만약 현순이의 아버지가 "너희 선생님이 이것도 모른단 말이지?" 했다면 선생님에 대한 신뢰가 무너짐은 물론 아이가 가진 DNA에 심대한 영향을 주었을 것입니다.

부모는 마땅히 아이가 가지고 있는 무한한 DNA를 잘 향도해야 합니다. DNA 속에 가지고 있는 선생님에 대한 존경심이 발현될 수 있도록 일깨울 것입니다. 아이가 자라 선생님이 되었을 때 제자에게 인내를 갖고 풀 이름을 가르쳐 줄 수 있도록 DNA를 일깨울 것입니다. 이 일차적인 책임은 부모에게 있습니다.

스승은 제자에게 꽃동산에 가서 구경하라고 일렀습니다. 그리고는 이렇게 말했습니다.

> 부처님 꽃동산에는 이 세상의 모든 꽃들이 다 모여 있어. 빠짐없이 말이야. 아주 평화스럽게. 일체 차별 없이 서로 어우러져 장관을 이루고 있지.
> ● 송암, 광덕스님 시봉일기 제2권 · 징검다리

스승은 제자에게 잠재능력을 꽃동산에 비유했습니다. 이 잠재능력의 바다에는 모든 꽃들이 다 모여 있다는 가르침을 주었습니다. 평화스럽게 차별 없이. 이 평화스럽고 차별 없는 세계, 이 세계는 어떤 모습일까요? 스승은 '장관'이라고 표현했습니다. 아이의 잠재능력, 아이가 가지고 있는 DNA는 그야말로 장관입니다. 그래서 법화, 진리의 꽃이라고 말합니다.

재능 개발 시키기

재능은 우연히 생겨나는 것일까? 아닙니다. 우연이란 있을 수 없습니다. 업業·karma에 의해 발현되는 것입니다. 발현을 통해 발달하고 발달하는 과정에서 유전적 요소와 환경적 요소가 작용하는 것입니다.

주목할 일은 이러한 재능은 사용하면 할수록 발달하지만 그렇지 않으면 퇴보한다는 사실입니다. 재능을 개발시켜 주는 일은 매우 중요한 일입니다. 어쩌면 아이에게 최고의 선물이 될지도 모릅니다.

학습 욕구

초등학생의 경우, 고학년에서 저학년으로 갈수록 학습욕구가 높습니다. 질문이 많고 발표가 왕성합니다. 호기심과 관련이 있는 것이지요. 이 호기심을 해결해 주지 않으면 아이의 학습 욕구는 더 이상 분출되지 않습니다.

이 학습 욕구는 전생의 DNA는 물론이거니와 후천적 환경요소와도 관련이 있습니다. 독일 영재교육의 아버지 칼 비테Karl Witte는 19세기 초에 많은 지식인들이 모여 토론하는 자리에 참석했습니다. 지능과 재능에 대해 토론하는 자리였는데 비테를 제외한 모든 참석자들이 재능과 지능은 타고나는 것이라고 결론을 지었습니다. 이 자리를 지켜보던 비테는 이렇게 말했습니다.

당신들이 말한 유전적인 사실을 부인하지는 않습니다. 그러나 그보다 훨씬 강력한 힘을 갖는 것이 있습니다. 교육입니다. 아이가 갓 태어날 때부터 적당한 교육을 하면 아이는 지능이 성장하고 훌륭한 재능을 가질 수 있습니다. 아이가 태어나서 초등학교 지학년이 될 때까지 어떻게 교육을 받았느냐에 따라 아이의 지능과 재능이 결정됩니다.

지금부터 약 2백여 년 전에 이 같은 주장을 펼쳤다는 사실이 놀랍습니다. 현재에 이르러 이 같은 사실은 대뇌 연구자들의 연구에 의해 명확한 사실로 굳어졌지요.

그럼에도 당시의 사람들은 후천적 교육과 환경보다는 선천적 DNA만을 고집했습니다. 그러자 비테는 자신이 아이에게 임상실험을 하기로 마음먹었습니다. 아기가 태어나자 자신과 똑같은 이름을 짓고 갓난아기에게 많은 이야기를 들려주었습니다. 아기가 시선을 의식하자 손을 아기의 눈에 가져가 움직이면서 '손'이라는 말을 일깨워 주었습니다. 그 결과 아뢰야식에 내재된 기억력은 '손', '손가락'과 같은 어휘와 개념을 인식했습니다. 아뢰야식이란 모든 법의 종자를 갈무리하며 만법 연기의 근본이 되는 것이라는 것을 앞서 공부한 바 있습니다.

실험은 확대되어 신체 각 부위의 이름, 방 안의 물건, 다양한 사물들에 대한 이름을 또박또박 들려주었습니다. 이 과정에서 '과자'를 '까까'라고 하는 등의 유아어는 사용하지 않았습니다.

아이의 어휘력이 증대되자 그 어휘로 문장을 만들고 이야기를 만들어 들려주었습니다. 동화를 들려주고 시를 들려주고 스스로 말을 조합하여 이야기해 보게 했습니다. 그러자 아이는 동화작가가 된 양 이야기를 꾸며 나갔습니다. 이렇게 하여 만 5세가 될 때까지 습득한 단어는 무려 3만 개가 되었다고 합니다. 학자들이 연구한 결과에 따르면 만 2세에는 300여 단어, 3세에는 1000여 단어, 4세에는 1500여 단어, 5세에는 2100여 단어를 습득한다고 합니다.

타의 추종을 불허할 정도로 단어와 문장을 습득한 아이는 9세 무렵 6개국어를 자유롭게 구사할 수 있게 되었고, 10세에 최연소로 라이프치히 대학에 입학하였습니다. 13세에 괴팅겐 대학에서 철학 박사학위를 취득하였고 16세 때에는 하이델베르크 대학에서 법학 박사학위를 받았으며 베를린 대학 법학부 교수로 임명되었습니다.

비테는 아이를 양육하며 교육해 온 것을 바탕으로 『칼 비테의 자녀교육법』이란 책을 냈습니다. 이 책은 지난 200여 년 동안 '영재교육의 바이블'로 불리며 많은 호응을 받았습니다.

비테의 아들은 언어지능이 높았을 것이 분명합니다. 그렇더라도 낙후된 환경에서 자랐다면 언어지능이 제대로 발휘되지 못했을 것입니다. 인간의 뇌는 주어진 환경을 따라 적응하는 습성이 있으니까요. 가령 일본에 태어나면 일본어를 습득하고 한국에 태어나면 한국어를 습득하는데 한국에서 자란 사람은 외국어를 배우는 것보다 아무리 어렵더라도 한국어를 배우는 것이 습득 속도가 빠릅니다.

전문가들은 아들 칼 비테와 같은 능력이 특별한 것이 아니라고 말합니다. 선천적이든 후천적이든 가지고 있는 능력이라는 것이지요. 칼 비테가 '아버지'라는 환경을 만나지 못했다면 그 만큼 개발되지 못했을 것이며 아버지가 음악을 좋아해 음악적 환경을 만들어 주었다면 칼의 재능은 다른 쪽으로 개발되었을 것입니다.

초등학교 저학년 때까지 언어발달은 물론 지식이 폭발적으로 늘어납니다. 그래서 학습 욕구가 높은 이 시기에 아이를 어떻게 이끌 것인가는 매우 중요한 문제가 되는 것입니다.

스님의 유아교육에 대한 법문입니다.

> 유아기의 가정환경이나 정신환경이 어둡고 불안할 때 인간은 회복될 수 없는 중대한 손실을 입게 되고 그 결과는 국력의 소장消長과 세계 평화와도 깊게 관련을 갖게 됩니다.
> ● 광덕, 생의 의문에서 해결까지, 가정은 어떤 의의가 있는 것입니까

나이가 어릴수록 아이는 부모의 관심도에 따라 깨어나는 정도가 다릅니다. 역대의 위인들에게 포착되는 공통분모는 부모가 아이의 훌륭한 선생님이 되어 주었다는 사실입니다. 칼 비테의 아버지처럼 부모가 목표를 갖고 아이를 키워야 합니다. 이것이 아이가 크게 성장할 수 있는 동력원입니다. 아이는 한없는 복덕과

지혜를 가지고 희망과 영광으로 태어난 것이니까요.
스님은 이렇게 말씀합니다.

> 자녀들은 부처님께서 주신 크신 은덕이라고 생각합니다. 한없는 복덕과 지혜와 희망과 영광이 자녀와 함께 태어난 것입니다. 그러므로 자녀들이 지극히 높은 덕성과 아름답고 밝은 지혜와 큰 복을 가지고 태어난 것을 믿으며 사랑하고 존중하며 키웁니다. 또한 밝고 따뜻하고 기쁜 환경을 만들어 줍니다.
> ● 광덕, 앞의 책, 불자의 가정교육은 어찌하여야 합니까

유치원 정도의 아이라면 같이 놀아 주고, 만들고, 춤추고, 노래하는 일상적인 놀이를 통해서 아이의 능력은 눈부시게 성장합니다. 유치원 아이들에게 있어 셈을 가르치고 한글을 가르치는 일보다 더 중요한 것은 놀이를 하게 하는 것입니다. 아이의 잠재된 DNA를 일깨우는 데 놀이만한 공부가 없으니까요.

재능을 발견하는 프로그램에 아이를 동참시키는 것 또한 고려해 봄직합니다. 현대에는 아이 교육을 위한 다양한 프로그램이 많이 개발되어 있지요. 두뇌를 자극하고 일깨우는 프로그램은 아이에게 도움을 줄 수 있습니다. 칼 비테가 아들에게 제공한 프로그램처럼.

기적으로 이끄는 환경

쌍둥이 망아지가 태어났다. 한 마리는 가난한 농부에게 보내졌

고 다른 한 마리는 똑똑한 사람에 보내졌다.

매일매일 일을 해 먹고 살아야 하는 가난한 농부에게 보내는 망아지는 어릴 때부터 돈벌이에 이용되어 보잘것없는 망아지가 되있고, 똑똑한 사람에게 보내진 망아지는 명마가 되어 사람들의 사랑을 받았다.

스위스가 낳은 위대한 교육자 페스탈로치Pestalozzi의 우화입니다.

환경의 중요성은 아무리 강조해도 지나치지 않습니다. 잠재된 전생의 DNA를 개발시키는 데는 그에 걸맞는 환경을 제공해야 합니다.

아버지가 축구선수인 아이는 어릴 적부터 축구하는 모습을 많이 보게 됩니다. 이를 본 아이는 시간이 날 적마다 공을 차거가 공을 가지고 노는 놀이에 익숙해질 수 있습니다.

어머니가 음악가인 아이는 음악가가 될 확률이 높습니다. 어릴 적부터 어머니가 연주하는 바이올린이나 피아노 소리는 음악에 친숙하게 하고 멜로디를 몸에 익히게 만들 테니까요. 새의 울음소리를 들으며 새들이 찍어내는 음표를 오선지에 아름다운 멜로디로 옮겨 놓을 수 있는 수업을 어릴 적부터 받고 있는 셈이니까요.

모차르트Mozart는 이미 다섯 살에 미뉴에트를 만들었습니다. 사람들은 '그런 천재성이 도대체 어디서 오는 걸까?' 하고 생각했습니다. 답은 아주 쉬운 데 있었습니다. 모차르트는 태어날 때부터 음악을 접했습니다. 아버지가 음악 교육가였으니까요. 그러기에 모차르트는 일찍부터 음감이 뛰어나게 발전하였고 악기를 만지면서 연주를 할 수 있었습니다. 어린 시절부터 음악 환경에 노출되어 자라온 까닭입니다. 물론 모차르트가 모든 분야에 두드러진 재능이 있는 것은 아닙니다. 모차르트 자신도 언어능력이나 운동능력, 수리능력이 부족하다는 것을 알고 있었지요.

이렇게 어린 시절의 환경은 아이가 어떻게 자라줄지를 예견하고 있는 셈입니다. 거지를 만들고자 하면 거지가 될 환경을, 로봇공학자를 만들고자 하면 로봇공학자가 될 환경을 만들어 주면 됩니다.

향을 쌌던 종이엔 향내가 배이고 썩은 생선을 꿰었던 새끼줄에서는 썩은 비린내가 나듯 환경은 자신도 모르게 명훈가피력冥熏加被力처럼 업業의 수레바퀴로 이끌고 갑니다. 명훈가피력이 무엇입니까? 안개 낀 날 한참을 걸으면 자신도 모르게 옷이 젖는 경우가 있지요. 붓다의 가르침을 따르다 보면 자신도 모르게 진리에 눈 뜨게 됩니다. 자신도 모르게 기적이 일어나는 현상, 이것을 명훈가피력이라고 합니다. 온 누리에 진리 광명이 충만하고 모두가 무한 공덕을 지니고 있기에 가능한 것입니다. 스님은 반야바라밀다 수행을 통해서 확인이 가능함을 제시합니다.

어느 한순간도 부처님을 여읜 존재는 없다. 온 누리에 진리 광명이 충만하고 부처님의 지혜가 충만하다. 이와 같은 부처님의 완전 원만한 대자비의 위신력은 우리 생명에 그대로 이어져 있다.
부처님이 진리로서 능동적이며 창조의 중심이 되시는 것처럼, 우리 또한 그와 같은 진리를 생명에 이어받아 무한 공덕을 지니고 있다. 그러므로 우리의 참모습은 위대하다. 위대한 창조능력을 자신 가운데 간직하고 있는 것이다. 우리는 끊임없이 반야바라밀다를 염함으로써 무량 공덕을 지닌 자기인 것을 확인해야 한다.

● 광덕, 반야의 종소리, 우리는 창조적 권능자

그럼 아이가 어떤 식으로 잠재된 DNA를 개발시켜 나갈까요? 아버지가 축구선수인 아이의 경우를 봅니다.

- 잠재된 재능 - 아직 인식되지 못한 사실
- 제공된 환경과의 만남- 축구선수인 아버지를 통해 축구를 배우면서 공놀이에 친숙하게 된다. 축구경기를 보면서 축구하는 기술과 규율, 매너 등을 익힌다.
- 그 환경에의 몰입- 친구들과 실제로 축구를 해보고 재미를 느낀다.
- 재능의 표출 - 축구에 재능이 있음을 인식하고 축구선수가 될 꿈을 가지게 된다.
- 재능의 심화-축구선수가 되기 위해 연습을 하고, 규율을 익히며 축구선수로서의 자질 함양에 노력한다.
- 재능의 극대화 - 마침내 축구선수로 활약한다.
- 재능의 표상화 - 모두가 축구선수로 인정한다.

만약 이 아이에게 축구선수가 될 환경이 제공되지 못했다면 이같은 수순을 밟을 가능성이 많지 않습니다. 일단 이 길로 접어들었다 해도 몰입단계나 극대화 과정에서 중도 하차할 가능성이 많기 때문이지요.

부모는 아이에게 다양한 환경을 제공해야 합니다. 환경은 아이를 기적으로 이끄는 명훈가피력입니다.

재능을 이끌어 내는 성공 경험

성공한 경험은 아이가 가진 잠재된 DNA를 일깨웁니다. 같은 또래끼리의 축구시합에서 이길 경우, 이 아이의 축구 재능은 상승되고 잠재된 열망이 분출됩니다. 수학경시대회에서 수학문제를 많이 풀어 칭찬을 받을 경우, 수학적 재능은 더욱 성장합니다.

아이들은 성인들과는 달리 자기가 좋아하는 영역의 놀이를 즐겨 합니다. 그 놀이를 즐겨 하는 것은 몰입의 기쁨을 맛보기 때문이지요. 몰입은 일종의 삼마지 三摩地, 삼매 三昧라 불리는 의식수준입니다.

몰입을 통해서 이루어지는 성공 경험은 행복감을 안겨 주고 행복감은 더 그 일에 몰입하게 만들며 전생의 DNA를 드러내게 합니다.

그림 그리기의 경우 다음과 같은 단계를 거치지요.

- 관심(호기심) – 아이가 아름다운 그림을 보고 자신도 그림을 그려보고 싶은 호기심을 품는다.
- 경험하기 – 그림을 통해 색감을 느낀 아이는 그림 그리기를 실행해 본다.
- 몰입하기 – 그림 그리는 재미를 느끼면서 그림 그리기에 자신의 체험과 능력을 최대로 발휘한다(잠재능력을 최대화시키는 단계).

- 하나되기 – 잠재능력의 발현이 시공을 초월하는 수행의 경지에 들게 한다.

이런 경지를 체험한 아이들은 학교에서도 두각을 나타냅니다. 그 분야에서 타고난 재능을 인정받고 나아가 영재아로 인정을 받기도 합니다.

재능 훈련

재능은 처음에는 느리지만 시간이 지나면서 속도감 있게 발전합니다. 그래서 재능 훈련이 필요한 것입니다. 훈련이나 자극이 없으면 발전하지 못하니까요.

정신분석학자 에릭슨Erikson은 독일의 베를린 음대에 재학 중이거나 졸업한 7500명을 조사한 결과, 어릴 적부터 집중적으로 음악을 시작한 사람이 뒤늦게 시작한 사람보다 우수한 음악도가 된다는 사실을 밝혀냈습니다. 이는 재능 훈련 없이는 훌륭한 음악가가 되기 어렵다는 것을 의미합니다. 아무리 뛰어난 전생의 DNA를 가지고 있더라도 재능 훈련이 없다면 무용지물이 될 수 있다는 거지요.

재능 훈련의 선결 조건은 자신과의 싸움에서 이기게 하는 것입니다.

세계 피겨스케이팅의 일인자 김연아, '88월드컵 축구경기에서 4강 신화를 만드는 데 주역했던 박지성, 올림픽 수영 분야에서 금메달을 딴 박태환. 모두가 자신과의 치열한 싸움에서 승리한 인

재들입니다.

8년 면벽 수행을 했던 성철스님, 청량제 같은 법문으로 이 세상을 맑고 향기롭게 만든 법정스님, 방황하는 현대인의 발걸음을 멈추게 했던 이 시대의 크나큰 보현보살 광덕스님……. 이들 수행자 역시 자신과의 철저한 싸움 끝에 우리 불교사에 한 획을 긋는 우뚝한 인물이 되었습니다.

스님의 도반인 한탑스님은 이렇게 증언하고 있습니다.

"그분(광덕 스님)은 천수다라니를 하루에 4천 독을 했습니다. 천수다라니를 하루에 천 독 하기도 어렵습니다. 4천 독을 한다면 이것도 기네스북에 오를 일입니다."

스님은 정진을 멈추지 않았다. 멈출 수가 없었다. 이때의 정진 모습에 대하여 백운스님은 이렇게 회상하고 있다.

"동산스님은 의학전문 출신인지라, 항상 광덕스님을 걱정하시며, '광덕스님이 안 죽었는가 가 봐라' 해서 가보면 방석 위에 앉아서 벽을 보고 참선을 하고 있어요. 그래서 내가, '스님이 죽었는지, 가보라고 해서 왔다' 하면, 빙긋이 웃으면서, '나 괜찮아. 내가 이제 육신 껍데기를 벗을 때가 된 줄로 알고, 이제 이 육신에 연연하지 않기로 했어'라고 하시는 겁니다."

● 김재영, 광덕스님의 생애와 불광운동, 목숨을 건 정진과 득도

자신과의 투철한 싸움이 없었다면 스님은 이 시대의 큰 별로 남아 있지 못할 것입니다. 피겨스케이팅의 일인자 김연아가 선천적인 DNA만 믿고 빈둥대다 경기에 출전했다면 그 이름은 기록

에 남아 있지 못했을 것입니다. 전생의 재능, DNA는 재능 훈련을 통해 눈부시게 발전합니다. 재능 훈련이 아이를 큰 사람으로 만들 수 있는 근거가 이것입니다.

스승은 제자에게 이런 충고를 주고 있습니다.

> 인간이 가지는 고귀한 가치를 십분 긍정하고 그 위덕이 매몰되거나 무시되거나 하는 일이 없도록 하여야 한다.
>
> ● 송암, 광덕스님 시봉일기 제10권 · 반야바라밀다결사

"인간이 가지는 고귀한 가치를 긍정하라. 매몰시키지 마라."
스님은 천부적 DNA를 고귀한 가치로 언급하고 있는데 이를 매몰시키면 안 된다고 당부합니다. 좋은 재능을 타고 났는데 그것을 발견하지 못하고 사장시킨다면 참으로 불행한 일입니다. 그래서 스승은 제자에게 다시금 이렇게 주문하고 있습니다.

> 중생의 업이 아무리 두텁고 질기더라도 지혜를 깨달아 비추기만 하면 순식간에 업이 녹아내려 본래 자성을 회복하는 거야. 그러므로 우리는 수행이 필요한 거지.
>
> ● 송암, 광덕스님 시봉일기 제8권 · 인천의 안목

여기서 본래 자성이란 전생의 재능, DNA를 일컫습니다.
이 DNA를 발현시키기 위해서는 지혜가 필요합니다. 이 지혜는 스님의 말씀처럼 그냥 나오는 것이 아니라 수행을 통해서, 정

진을 통해서 나옵니다. 재능을 발현하기 위해서 노력하는 일, 이것이 수행이며 정진입니다. 수행과 정진은 전생의 DNA를 발현케 하는 최고의 기술입니다.

통렬한 물음

우리 아이의 재능을 어떻게 찾을 것인가?
찾았다면 그 재능 훈련을 어떻게 연마시킬 것인가?
이렇게 하는 궁극적인 목적은 무엇인가?

이 세 가지의 물음. 이 물음에 머뭇거려서는 안 됩니다. 가슴을 움켜잡는 통렬한 물음이어야 합니다.
'궁극적인 목적'
이것입니다. 여기에 소홀하다면 아이 교육에 대한 의미는 퇴색하고 맙니다. 아무리 출세가도를 달려도 의미 없는 일입니다. 붓다는 열반을 앞두고 제자들에게 다음과 같이 말씀했습니다.

나의 제자들아. 세상에 존재하는 모든 것은 변화한다. 쉬지 말고 정진하라.

제행무상諸行無常. 우주만물은 항상 돌고 변하여 잠시도 머무름이 없습니다. 그러기에 잃어버린 자신을 찾는 일같이 값지고 중요한 일은 없습니다. 출세와 돈, 명예 등은 잠시 머물다 가는 것입니다.
그러기에 스님은 고구정녕 말씀합니다.

인간은 육체의 덩어리도 아니고 물질의 변화체도 아니다. 인간은 법성진리 자체이다. 인간에겐 무한의 지혜와 덕성과 힘이 깃들어 있다. 영원히 발전하며 창조를 계속할 위대한 힘이 감추어져 있는 것이다. 원래로 우리의 발전과 창조를 방해할 요소란 아무 데도 없다. 그렇다면 우리는 법성진리를 순직하게 긍정하고, 스스로 깃든 위대한 힘을 여지없이 발휘하여야 하지 않겠는가. 오늘보다 더욱 완전하게, 보다 아름답게 발전시킬 능력이 있음을 확신하자. 내 생명에 깃든 무진장의 힘을 긍정하고 발굴하면 무진장의 창조가 계속되고 무지와 나태로 방치하면 무진장의 보고도 아무 구실을 못하게 된다.

정진하자. 나에게 깃든 힘을 이웃과 나라와 중생을 위하여 여지없이 발휘하자. 자비와 능력은 쓸수록 발달하고 희망과 행복이 보다 높이 증진되는 것이다.

● 광덕, 호법월보 63호

Part 3
느리게 키워라

지켜봄.

이것은 내 자신이 오랜 세월 동안 아이들을 가르치면서 터득한 진리 가운데 하나입니다. 학부모가 아이 문제로 하소연할 때 나는 늘 한 발 짝 떨어져 지켜보라고 한 이유가 여기에 있습니다. 〈지켜봄〉이야말로 아이교육의 최고 동력원이기 때문입니다.

아이들을 지켜보아야 하는 이유

나에게는 오랜 기간 교단에서 아이들을 가르쳐 오며 얻은 큰 교훈이 있습니다. '지켜봄'입니다. 잔소리 그만하고, 서둘지 말고 지켜보라는 것입니다.

모든 아이들에게는 DNA 속에 잠재된 천재성이 있습니다. 각기 타고난 독특한 재능을 갖고 있지요. 이 독특한 재능은 부모가 아이들을 지켜볼 때 개발된다는 사실에 주목해야 합니다. 교육은 절대 서두른다고 되는 것이 아닙니다. 절차가 있고 단계가 있습니다.

감나무가 왜 죽었을까?

나는 몇 해 전 제법 큰 감나무를 사다가 정원에 심었습니다. 빨리 자라라고 거름을 듬뿍 주었습니다. 그해는 잘 자라더니 이듬해 죽어버렸습니다.

나는 지금도 감나무를 판 장사꾼이 한 말을 기억하고 있습니다.

"올해는 거름을 주지 마세요. 그냥 척박하게 키우세요. 그래야 터를 튼튼히 잡거든요. 내년부터나 거름을 늘려 주세요. 그러면 잘 자랄 겁니다."

내가 감나무를 죽인 것은 장사꾼의 충고를 받아들이지 않았기 때문입니다. 거름을 듬뿍 주면 쑥쑥 자랄 거라는 믿음만이 있었던 거지요. 나는 죽은 감나무를 어루만지며 생각했습니다.

'식물은 아무리 거름을 주어도 어린 나무가 갑자기 큰 나무가 되는 것이 아니구나.'

뿌리를 다친 감나무는 진한 거름을 소화해 낼 능력이 없음을 미처 깨닫지 못한 후회가 일었습니다. 그 사실을 모르고 나는 빨리 자라라고 재촉했고 재촉을 받은 감나무는 재촉을 감당하지 못했던 것입니다.

이 이야기를 그냥 흘려보내지 마세요. 아이의 교육도 이와 같기 때문입니다. 아이에게 가해지는 '닦달'과 '재촉하기'는 감나무처럼 아이를 고사枯死하게 만듭니다.

스위스의 심리학자 장 피아제Jean Piaget는 아이의 사고 발달을 크게 네 단계로 설명하고 있습니다. 그 요지를 보면 아이들은 자신들이 경험한 것을 적극적으로 구성한다는 것입니다.

감나무도 예외가 아니었습니다. 이미 터를 잡고 자라는 감나무는 자기에게 알맞은 양의 양분을 섭취할 능력이 있지만 갓 옮겨 심은 나무는 뿌리를 다쳐 그렇질 못합니다. 주어진 환경과 발달 수준이 조화를 이룰 때 잘 자라는 것이지요. 지나친 거름 주기(재촉하기)는 감나무에게 악영향을 줍니다. 아이도 마찬가지입니다. 발달단계를 무시한 재촉하기 교육은 위험하기 짝이 없습니다.

피아제의 이론을 바탕으로 한 발달단계를 보면 왜 지켜보아야 하는지 공감할 수 있을 것입니다.

감각운동기의 아이

출생과 동시에 2세까지의 과정에서 이루어지는 감각운동기의 단계부터 아이들의 지능은 성숙하기 시작합니다.

그러나 출생한 유아들은 사물을 볼 때 사물을 보는 것이 아니라 시선을 던져 놓은 것에 불과합니다. 참선을 할 때 시선을 1m 전방에 툭 던져 놓는 것과 같다고나 할까요.

컵의 경우 영유아기 아이들은 컵을 응시하는 것이 아니라 바라볼 뿐입니다. 이 시기의 아이는 컵이 손잡이가 있고 플라스틱으로 되어 있으며 물을 마실 때 쓰는 기구라는 개념이 형성되어 있지 않기 때문이지요. 그래서 그냥 컵이라는 것을 바라볼 뿐입니다. 그러다 컵을 만지고 떨어뜨리고 컵 속에 담긴 물을 엎지르고 먹고 하는 과정에서 컵의 존재성에 접근하게 되는 것입니다.

영유아기의 아이들은 애착성이 강합니다. 떨어져 있는 어머니보다 아이를 보살피는 할머니에 대해 더 애착성을 갖는 것이 이를 증명해 주지요. 피아제는 딸 자클린느가 9개월 되었을 때 그의 곁에 있던 사람이 일어나거나 조금이라도 떠나려는 기색이 있으면 크게 울었다고 기록하고 있습니다.

애착성은 보살펴 주는 사람이 무관심하거나 부정적인 시각으로 대한다면 아이의 잠재의식, 즉 DNA 속에 이것이 축적됩니다. 그래서 타인을 못 믿게 되고 환경에 적응하지 못하게 되는 거지요. 영유아들에게서 보이는 이 애착성은 세상에 대한 개념을 형성하고 사회적인 태도를 형성하는 데 결정적 역할을 합니다. 감나무가 갑자기 성장하여 어른 나무가 될 수 없는 것과 같은 이치지요.

영유아기의 아이들은 자기를 낳아준 사람을 어머니로 보기 이전에 어머니를 하나의 물체로 인식하는 현상이 있습니다. 그 물체를 대하며 아이는 육체적·정신적 성장을 이어갑니다. 그러기에 성장에 막대한 영향을 주는 물체인 어머니는 아이의 첫 번째 스승으로 자리매김하게 됩니다. 전생의 DNA인 아이의 성격, 자주성, 자아존중감, 도덕성, 언어발달, 공감능력, 신체발달 등 이루 헤아릴 수 없는 많은 요소들이 어머니와의 만남으로 성장하고 발현되거든요.

이 시기의 아이들은 물건을 공유하려고 하면 이유 없이 반항합니다. 자신이 가진 물건을 남과 같이 쓰려거나 남에게 주는 경우란 없습니다. 사람도 이같이 취급합니다. 동생이 태어나면 자신이 차지했던 것을 동생에게 주지 않으려 하는 것이 그 예이지요.

이쯤에서 부모의 역할이 얼마나 중요한지 짐작하였을 것입니다.

만약 이 시기에 부모나 주위 사람들이 아이에게 "넌 나쁜 녀석이야" 하고 이야기했다면 아이는 액면 그대로 자신을 인식하게 되어 있습니다. 정신분석학자인 에릭슨Erikson은 능력이 있는 아이에게 "너는 혼자서 밥을 먹을 수 있어", "너는 혼자서 옷을 갈아입을 수 있어", "너는 혼자서 화장실에 갈 능력이 있어"라고 말해 주면 자율성이 강화된다고 말합니다. 그러나 그럴 능력이 없는 아이에게 그렇게 말하면 아이는 사고를 낼 수 있다고 주장합니다.

에릭슨의 주장처럼 능력이 떨어지는 아이에게 지나치게 재촉하는 것은 도리어 좋지 못한 결과를 유발합니다. 뿌리를 다친 감나무를 잘 키우려면 거름을 듬뿍 주어 성장을 재촉하기보다는 지켜보는 것이 더 현명한 일입니다.

스님은 말씀합니다.

자녀들에게 이래라 저래라 하고 말을 안 할 수도 없고 너무 해서도 안 되는 것이지요. 중요한 것은 스스로가 귀한 사람이라는 의식을 심어 주는 것입니다. 부처님 공덕을 타고난 귀하고 신성한 생명이라든가 많은 지혜와 아름다운 덕성과 능력을 지니고 있는 훌륭한 인격이라든가 미래에 훌륭하게 될 사람이라는 사실을 알게 하는 것이 중요합니다.
●광덕, 삶의 빛을 찾아, 생활 속에서

전조작적 사고기의 아이

전조작적 사고기(2~7세) 동안의 아이들은 감각과 운동적 양식에서 개념적이고 표상적 양식으로 진화합니다. 이 시기가 되면 점점 내적인 사고를 할 수 있는 능력이 배양됩니다. 언어를 습득함으로써 자신의 감성을 말로 드러내는 기술이 증장되고, 뇌가 자라면서 세상 속에 존재하는 자신의 왜소함을 느끼기도 합니다. 무엇을 해서 꼭 성취되는 것도 아니며 남과의 대립 관계를 형성하기도 하고 외부 세계가 자신의 뜻대로 풀리지만은 않는다는 사실을 경험하기도 합니다. 이 과정에서 자신은 부모에 비견할 수 없을 정도로 너무나 왜소하고 힘이 없는 존재, 나약한 존재, 지적으로 부족한 존재라 여깁니다. 이에 반해 부모는 세상 물정을 모르는 것이 없고 돈이 많으며 세상을 조정할 줄 아는 큰 존재로 인식합니다.

그러나 세월이 가면서 아이들은 지적인 성숙을 하게 되고 행동 반경이 넓어짐으로 인해 크게만 보이던 부모가 점점 작게 보이기 시작합니다.

아이들은 4~5세가 되면 언어능력이나 신체적인 활동이 유아기에 비교할 수 없을 정도로 발달하게 됩니다. 이런 만큼 아이들은 자신에게 걸맞은 세상을 맞이하려고 합니다. 일종의 호기심이라 할 수 있지요.

부엌에 솥이 여러 개 있다면 아이는 곧잘 이런 질문을 하지요.
"이 큰 솥은 뭐하는 솥이야?"
"이 솥은?"
"저 솥은?"

이런 질문은 이 시기의 아이들 누구나가 가진 공통의 지적 갈망이며 원초적인 성장욕구입니다. 이때 기억해야 할 중요한 사실이 하나 있어요. 성장욕구를 부모가 무시하거나 사회가 충족시켜 주지 못한다면 아이들은 좌절을 겪게 되고 미래를 지향하는 욕구가 잠자게 된다는 것입니다.

이 시기의 아이들에게 부피 보존을 실험하면 매우 재미있는 사실을 발견하게 됩니다.

처음 : 비커 2개에 똑같은 양의 물을 담는다.
확인 : 아이가 물의 높이가 같음을 알고 물의 양이 똑같음을 인지한다.

변환 : 아이가 보는 앞에서 한쪽 비커에 담긴 물을 길쭉한 메스
실린더에 옮겨 담는다.
질문 : 어느 쪽의 물이 많은가?
대답 : 메스실린더의 물이 더 많다.

전조작기의 아이들은 이렇게 비보존적 반응을 일으킵니다. 자기가 보는 앞에서 일어난 '변화'에 대한 것을 전혀 인식하지 못하는 거지요. 갓 옮겨 심은 감나무 역시 자신에게 준 지나친 거름의 변환을 인식하지 못하고 마구 흡수하였기에 병들어 죽고 말았습니다.

구체적 조작기의 아이

구체적 조작기(7~11세)에 이르게 되면 이론적 조작이 가능하게 되어 이전까지는 해 내지 못했던 일들을 할 수 있게 됩니다. 자기중심적인 의식에서 벗어나 협동심도 발달합니다. 남과 더불어 살아갈 줄 아는 지혜도 생겨납니다.

유아들은 '2'나 '3'이라는 숫자는 구별할 수 있지만 수 개념은 완벽하지 못합니다. 그러나 구체적 조작기에 이른 아이들은 2와 3에 대한 개념은 물론 조합까지 가능합니다.

이 시기의 아이들은 3단 논법으로 사유할 수 있는 능력이 생깁니다. 예컨대 철수에게 사과를 받았다고 하면,

"누군가가 나에게 베풀어 주면 '고맙다'고 해야 한다."
"철수가 사과를 나에게 주었지."

"그러니까 '고맙다'고 해야지."

라는 3단 논법을 거치게 됩니다. 그러나 이런 추론을 거치지 않고 습관적으로 아이들은 "고마워"라고 합니다. 남에서 무엇을 받을 때는 고마움을 표해야 한다는 사실을 DNA 속에서 찾아 쓰고 있는 것이지요.

전조작기 아이들의 사고는 가역성이 결여되어 있습니다. 가령 크기가 같고 색깔이 다른 공(빨강, 노랑, 파랑)을 차례대로 긴 유리병에 넣습니다. 이렇게 되면 공들이 유리병의 바닥부터 "빨강, 노랑, 파랑" 순이라고 틀리지 않고 답합니다. 다시 꺼내 같은 차례로 넣고 180도 회전하면 이때도 바닥부터 빨강, 노랑, 파랑 순으로 놓일 거라고 말합니다. 도리어 파랑, 노랑, 빨강 순으로 놓인다는 사실에 의아해 합니다. 그러나 구체적 조작기 아이들의 사고는 가역적입니다. 그래서 180도 회전을 하면 바닥부터의 순서가 달라진다는 사실을 인지합니다.

이런 실험으로 미루어볼 때 불가역성을 보이는 전조작기 아이들에게, 구체적 조작기의 아이들에게나 적용할 학습을 하게 하는 것은 옳지 못합니다.

재촉하는 교육이 바람직하지 않음이 이런 이유에서입니다. 전조작기 아이에게 구체적 조작기의 학습을 시키는 재촉은 아이의 교육을 망치게 만듭니다. 옮겨 심은 감나무에 거름을 주어 빨리 자라길 재촉하는 것과 같습니다.

이 시기가 되면 아이들은 부모의 품에 안주하려고 하지 않습니다. 아이들의 행동반경이 넓어지고 지적 능력이 성숙하며 친구들과의 관계가 폭넓어짐으로 인해 부모는 자신이 알고 있는 것보다 못할 수 있다는 관념을 갖게 되고 실제로 그렇게 인정하는 경우가 많습니다. 그런데도 부모는 아이를 권력[힘]으로 누르려 합니다. 그러나 부모가 아이를 힘으로 누르면 누를수록 아이는 저항한다는 사실을 기억해야 합니다. 아이가 가진 DNA 속에는 자유를 누리고 싶어 하는 욕망이 가득 들어차 있거든요.

아이는 부모의 속을 썩이기 위해서 저항하는 것이 아닙니다. 부모가 아이의 권위를 인정해 주지 않고 자유를 억압하기 때문입니다.

구체적 조작기의 아이들은 부모 마음대로 조작하고 부릴 수 없습니다. 부모가 아이들의 자유를 억압할수록, 부모가 아이의 뜻을 무시하거나 부모 마음대로 아이를 조정할 수 있다고 생각하면 생각할수록 아이의 저항은 거세집니다. 아이들은 자신을 인격체로 대해 줄 것을 바라거든요.

전조작기의 아이들은 세상 사람들 중에서 부모를 가장 크게 봅니다. 그러나 구체적 조작기에 이르러선 부모가 점점 작게 보입니다. 그림으로 보면 다음과 같습니다.

그림에서 보듯 아이의 저항을 줄이기 위한 방법은 부모가 힘의 크기를 줄이는 것입니다. 힘을 줄인다고 해서 권위가 실추된다고 생각하면 안 됩니다. 힘은 가역적입니다. 아이의 힘이 커질수록 부모가 권력을 줄여야 하는 것은 당연한 이치입니다. 아이와 화목하게 지내는 길은 힘의 크기를 조절하며 관계를 유지시켜 나가는 것입니다.

이 시기의 아이들은 부모의 권위에 쉽게 복종하려 들지 않습니다. 단짝 친구들이 생기는 이유에서이기도 합니다. 친구는 자신을 이해하고 공감하며 동반자와 같은 위치를 점하고 있거든요. 그래서 아이는 부모보다 친구를 더 생각하는 것입니다.

에릭슨은 이 시기에 '나는 할 수 있다'고 생각하는 자신감과 '나는 별로 잘하는 것이 없어'라고 생각하는 열등감이 형성된다고 했습니다. 그래서 이 시기에 부모가 아이를 꾸짖고 무능력한 녀석이라고 몰아붙이면 아이는 열등한 인격체로 살아가게 된다고 했습니다. 반면에 아이의 재능을 인정해 주고 강화시켜 준다면 아이는 좋은 반열에 끼게 된다는 것입니다.

이 시기에 학교에서나 집에서 아이가 따라갈 능력이 없는데도 어려운 공부를 강요하게 되면 아이의 능력은 꺾이고 자신감을 잃게 됩니다. 뿌리를 다친 감나무에게 거름을 많이 준다면 감나무는 흡수할 능력이 부족하고 뿌리를 다친 어려움으로 지탱하지 못하고 죽고 마는 것과 같은 이치입니다.

다시 요약한다면 구체적 조작기의 아이들은 어른들과 분리되는 시기이고 친구를 사귀며 행동반경을 변환시키는 시기입니다.

형식적 조작기의 아이

형식적 조작기는 대략 12~15세까지입니다. 이 시기에는 논리적 조작에 필요한 문제를 해결할 수 있는 능력이 발달합니다. 따라서 정체감을 형성하는 데 매우 중요한 시기라 할 수 있지요.

이 시기의 아이들은 어른이 가지는 중요한 사고 능력인 형식적 사고를 할 수 있게 됩니다. 구체적 조작기의 아이들은 소금을 물에 타서 맛을 보는 실험을 한다면 소금의 양에 관심을 두지 않습니다. 그러나 이 시기의 아이들은 소금의 양을 달리하여(조합) 소금물의 맛을 보고 소금을 많이 넣으면 넣을수록 짜진다는 것을 압니다.

아이를 재촉할 경우 아이가 너무 빠르게 정체성을 확립할 수 있습니다. 이런 경우 자신이 이룩한 도드라진 일에 대한 관점에만 관심이 있지 사회적·지적인 부분의 다양한 관점을 놓치게 됩니다. 어른의 요구에 맞추어 가는 아이들의 정체감이 실제로 안정된 듯이 보이지만 사실은 자신에게 너무 과신하는 오류를 범할 수 있습니다.

이와 같이 아이들은 단계적인 발달단계를 거치면서 성장합니다. 이 발달단계를 뛰어넘으려는 것은 뿌리를 다친 감나무에게 거름을 잔뜩 주어 빨리 자라게 하려는 것과 다르지 않습니다. 뿌리를 다친 감나무에게 필요한 것은 거름이 아니라 물 빠짐이 좋은 흙입니다. 아이들을 빨리 자라도록 재촉하기보다는 발달단계에 맞추어 시의적절한 교육을 시키는 것, 이것이 진리에 수순함입니다.

스님은 수순에 대해 이렇게 말씀합니다.

보살이 수순을 배움으로써 이 세상 천지만물과 화합하고 협동하며 기쁨을 함께한다. 능력을 개발하고 투쟁력을 강화한다고 사회의 발전이 있는 것이 아니다. 투쟁은 개인적인 손실이고 사회적인 손실이다.

● 광덕, 보현행원품 강의, 수순분

에디슨의 DNA를
가진 아이

　　미국 긍정심리학의 창시자 마틴 셀리그먼Martin Seligman은 학습 효과를 알아보기 위해 개를 이용한 실험을 했습니다.

　　개가 들어갈 수 있는 두 개의 칸으로 되어 있는 상자를 준비합니다. 상자를 가르는 칸은 개가 충분히 뛰어넘을 수 있게 설계되었습니다. 한쪽 칸에는 소리가 나면 전기충격이 가해지는 장치를 하였고 다른 칸에는 아무 장치를 하지 않았습니다.

　　실험 결과는 의외였습니다. 벨소리가 나면서 전기충격이 가해지면 개가 다른 칸으로 뛰어넘어갈 것으로 예상한 것이 빗나간 것입니다. 여러 번 벨을 울렸지만 개는 고통스런 신음 소리만 낼 뿐 자리를 옮겨가지 않았습니다.

　　셀리그먼은 다른 개를 투입하고 같은 실험을 했습니다. 벨을 울리자 두 번째 개는 얼른 다른 쪽을 옮겨 갔습니다. 이번에는 전기충격기가 설치되어 있지 않은 옮겨 간 쪽의 벨을 울렸습니다. 그러자 개는 다시 얼른 반대쪽으로 옮겨 갔습니다.

셀리그먼은 이 실험을 통해 다음과 같은 사실을 규명했습니다. 첫 번째의 개는 끈으로 묶여 있었기에 넘어갈 수 없다는 사실을 알고 자신의 칸을 지키고 있었습니다. 그러고 나서 목줄을 풀고 실험을 했는데도 개는 고통을 감내하고 있었습니다. 이른바 학습된 무기력learned helplessness입니다.

에디슨의 DNA를 가진 아이

토머스 에디슨Thomas Edison의 초등학교 선생님은 에디슨이 학교생활을 할 수 없을 것이라고 판단했습니다. 주의가 산만하고 정서가 불안하며 학습능력이 부족하다는 이유에서였지요. 깊은 상처를 받은 에디슨의 어머니는 학교를 그만두게 하고 자신이 직접 가르쳤습니다. 에디슨은 이렇게 회고합니다.

어머니께서 나를 만드셨다. 어머니께서는 진실하셨고 나를 믿어 주셨다. 덕분에 나는 내가 뭔가를 해낼 수 있다는 느낌을 가졌고, 어머니를 실망시켜 드리지 않아야 한다고 생각했다.

에디슨을 발명왕의 반열에 올려놓은 것은 순전히 그의 어머니였습니다. 어머니의 절대긍정의 믿음과 노력이 오늘날의 에디슨으로 만들어 놓은 것입니다.

오늘날 소외받는 많은 아이들이 에디슨과 같은 DNA를 갖고 있을지 모릅니다. 이 DNA를 어떻게 개발하고 어떻게 활용하여야 하는가는 부모의 몫이며 교사의 몫입니다. 부모나 교사, 국가는 아이들이 셀리그먼이 실험했던 개처럼 '학습된 무기력'에 빠지지 않도록 이끌어야 합니다. 잠깐 동안 매두었던 목줄이 개를 무기력의 나락을 떨어지게 만들었듯이 아이들은 자신의 생명을 어떻게 규정하느냐에 따라 운명이 달라집니다.

스님의 말씀을 경청합니다.

우리가 보고 있는 형상적인 것, 우리가 마음속에서 그리고 있는 마음의 형상적인 것, 이 모두는 실로 마음의 그림자입니다. 그리고 이것들은 다 허망한 것이라고 경에서는 말씀하고 계십니다. 실이 없다고 하셨습니다. 우리는 일상생활 가운데서 내가 살고 있고 내 힘으로 살고 있고 내가 지은 업으로 살고 있다고들 알고 있으나, 이것은 착각에서 비롯된 것입니다.

그러나 이렇게 착각을 하고 살고 있다 할지라도 실로는 부처님 위신력으로 살고 있는 것입니다. 내가 먹고 생각하고 움직이는 이 힘은 부처님의 위신력이고 부처님의 공덕이고 진리의 힘이고 마하반야바라밀의 힘입니다. 상相이 없는 것이 원래의 모습입니다.

● 광덕, 메아리 없는 골짜기, 바라밀의 힘으로 산다

스님은 우리의 참생명이 부처님의 무량공덕생명이기에 우리의 삶은 부처님의 삶 자체이며 부처님 삶다워야 한다고 설파했습니다.

스님이 강조하는 "나의 참생명 부처님 무량공덕생명"이라는 주창은 '일체중생 실유불성 一切衆生 悉有佛性'이라는 경의 말씀에 근거한 것으로 일체 성취의 도리를 드러내 보인 것입니다. 그러니 아이들이 가진 전생의 DNA가 어찌 규정된 바 있을까요? 그저

활활자재하게 용트림할 뿐입니다.

스님은 말씀합니다.

> 그불성는 규정하는 자, 규정받는 자가 아니다. 그는 스스로 있다. 청정 자성 햇빛 아래 어둠이 어른대지 못하듯이 죄라는 어둠을 생각할 수 없다. 때 묻을 수 없다. 죄 지을 수 없다. 더욱이 인과며 응보며 업보가 있을 수 없다.

● 김재영, 광덕스님의 생애와 불광운동, 한마음헌장

교육의 진정성

어쩌면 오늘날의 학교교육은 에디슨과 같은 DNA를 지닌 아이들을 벼랑으로 내몰고 있는지 모를 일입니다. 2천여 년 전 소크라테스Socrates가 젊은이들을 가르쳤던 교육방법이 그리워지는 것이 이 때문일까요? 소크라테스는 제자들을 가르칠 때 현실 문제를 응시하고 토론하면서 당면한 문제들을 해결하고 학습의 흥미를 스스로 발견하도록 했습니다.

오늘날의 교육은 이런 담론과 사유를 뒤로 하고 출세지향, 이기와 분별, 무한경쟁과 같은 황무지 속으로 내몰고 있다고 해도 지나치지 않습니다. 우리 아이를 어느 줄에 세우느냐 하는 것만이 관건일 따름입니다. 부모들은 오로지 나의 아이만 잘 되면 그만이라는 타성과 이기적인 생각으로 물들어 있습니다. 남의 아이야 어떻게 되든 상관없는 일입니다.

크게 보면 우리는 세상을 함께 의지하고 격려하며 살아가는 공업중생입니다. 질시와 아만, 우월의식은 불성생명을 좀먹는 무서운 쇳녹과 같습니다. 평생을 진리에 목말라 하는 중생들과 함께한 이 시대의 큰 학승이며 교육사상가인 광덕스님은 이렇게 말씀합니다.

> 교육은 마땅히 사람을 사람으로서 더욱 노력하게 만들고 연마하여 스스로 의욕을 발동시켜 보다 높은 인간의 완성을 지향하도록 하는 것이 옳다.
>
> ● 월간중앙, 1977년 신년호 별책부록, 현대인의 고뇌를 종교에 묻는다

그렇습니다. 스님의 말씀처럼 교육은 '보다 높은 인간의 완성을 지향'하는 것입니다. 남을 배려할 줄 모르는 아이, 어려움을 함께 나눌 줄 모르는 아이, 남의 아픔을 함께 나누는 것을 모르는 아이, 이런 아이를 만드는 것이 교육이 아닙니다. 진정한 교육은 DNA 속에 내재되어 있는 남과 더불어 살아가는 공감능력을 개발시키는 일입니다.

지켜봄은 아이교육의 최고 동력원

이탈리아의 교육학자인 몬테소리 Maria Montessori에 의하면 아이는 누구나 자기 발전을 위한 잠재된 DNA를 가지고 있기에 자유롭게 자기표현과 발전을 하게 된다는 것입니다. 그래서 교사는 아이의 활동을 관찰하고 기록하여 적당한 지시를 하되 먼저 자기 활동에 맞는 환경을 제공하고, 뒤로 한 발짝 떨어져 필요할 때만

지시를 해야 한다고 강조했지요.

몬테소리는 '지켜봄'을 강조했습니다. 그러다 꼭 필요할 때만 다가서야 한다고 말했습니다. 농부가 소의 고삐를 살짝 당겨 진로를 교정하듯 그렇게 말이지요. 지켜봄. 이것은 내 자신이 오랜 세월 동안 아이들을 가르치면서 터득한 진리 가운데 하나입니다. 학부모가 아이 문제로 하소연할 때면 나는 늘 한 발짝 떨어져 지켜보라고 말하였습니다. 그 이유가 여기에 있었습니다. '지켜봄'의 미학은 실로 아이 교육의 최고 동력원입니다.

미래를 위한 변화

교육을 정형화된 틀에 가두려는 것은 좋지 않습니다. 그런 면에서 대안학교나 특성화 학교가 있다는 것이 참으로 고무적인 일입니다. 일반학교에서 개발시켜 주지 못하는 에디슨이 가졌던 DNA가 여기서는 발현될 수 있을 테니까요.

아이를 성공시키기 위해서는 아이가 가진 개성과 특성을 잘 살펴보아야 합니다. 기존의 프레임으로 운용되는 교육방식으로는 에디슨이 가졌던 것과 같은 DNA를 일깨우지 못할 수 있습니다.

미국에서는 자녀를 학교에 보내지 않고 이른바 홈스쿨링을 시키는 가정이 많아지고 있다고 합니다. 이는 아이들이 가진 다양한 DNA를 개발시키기 위한 조처라 생각되는데 실제로 홈스쿨링을 하는 아이들의 경우 명문대학 합격률이 공립학교나 사립학교 지원자보다 높다고 합니다.

아이가 가진 전생의 DNA를 일깨우기 위해서는 훌륭한 어머니가 옆에 있지 않으면 안 됩니다. 스님은 어머니의 마음가짐을 이렇게 말씀합니다.

어머니의 역할은 참으로 중요합니다. 집안을 안전하게 이끄는 역할을 하는 존재이기 때문이죠. 어머니의 마음이 부처님과 같은 깊은 마음, 큰마음에 가까울수록 가족들에게는 더욱 덕스러운 일이 나타나게 됩니다. 마음이 근본입니다. 이 마음을 부처님과 부처님의 가르침에 두고 바르게 활용한다면 일체에 통하는 것입니다. 일체유심조, 일체가 마음뿐이기 때문이지요.

● www.bulkwangsa.org, 광덕스님 법문, 자녀를 위한 기도

아이는 미래를 위한 변화를 꾀하고 있습니다. 아이가 에디슨처럼 특수한 분야에 우수함을 나타낸다면 그 분야에 전력투구하도록 하는 것이 좋습니다. 과학자로서의 자질이 있다면 그런 아이들과 어울리게 하십시오. 제공되는 환경조건에 따라 아이는 잠재된 DNA를 현발하기도 하고 못하기도 합니다.

아이의 개성 존중

스필버그의 이야기

'쉰들러 리스트', '쥬라기 공원', 'E·T', '인디아나 존스' 등 주옥같은 영화를 만든 스티븐 스필버그Steven Spielberg. 그는 학교를 지옥처럼 여겼으며 성적은 늘 하위였습니다. 공부에는 아예 뜻이 없고 12살 때부터 영화감독이 되고자 하는 열망만이 가득했습니다. 어린 나이에도 아버지 소유인 8mm 무비카메라를 짊어지고 다니면서 영화를 만들 정도였으니까요.

수업 시간에도 책 페이지를 주르륵 넘기면서까지 그것을 영상에 담아 보려는 생각을 했다고 전해집니다. 그래서인지 늘 외톨이였고 누구 하나 눈여겨보는 사람이 없었습니다. 그러나 그의 부모만은 그렇지 않았습니다.

어머니는 매우 개방적이었으며 스틸버그가 원하는 것은 스스로 결정하도록 했습니다. 실수를 할 경우는 스스로 반성하도록 하였고 상상하기 좋아하는 그에게 상상할 수 있는 시간과 여건을 마련해 주었습니다. 언론과의 인터뷰에서 스필버그가 "자신의 이야기를 들어주고 대화를 나누고 격려해 주는 사람은 어머니뿐이었다"고 말할 정도였으니까요.

아버지 역시 아들의 후원자였습니다. 아버지와 아들에 얽힌 유명한 일화가 있지요? 날씨가 좋다는 예보를 들은 아버지는 스필버그를 데리고 사막으로 달려갔습니다. 사막의 모래밭에 아들과 누웠습니다. 하늘에는 수많은 별들이 금색 수를 놓고 있었습니다. 스필버그에게는 잊히지 않는 순간을 만들어준 셈입니다. 이 경험이 18세 때 만든 첫 영화 '불꽃'을 탄생시키는 계기가 된 것입니다.

스필버그의 부모는 아들에게 "공부해서 훌륭한 사람이 되어야 한다"고 가르치지 않았습니다. 아들의 성적이 늘 하위였음을 알면서도 공부를 채근하지 않았습니다. 단지 남과 다르게 되라고 가르쳤을 뿐입니다. 아들이 가진 전생의 DNA를 연마하여 성공할 수 있도록 동기를 부여하고 환경을 제공하면서 스스로 길을 갈 수 있도록 이끌었을 뿐입니다.

이런 부모의 긍정적인 태도와 신뢰가 아들로 하여금 세기적인 영화감독이라는 명성을 얻게 한 동력이었습니다.

아이를 행복하게 하는 기술

같은 뱃속에서 나온 쌍둥이도 재능이나 지능, 능력이 각기 다릅니다. 그러기에 아이의 특성을 잘 파악하여 그 특성에 맞게 키울 필요가 있습니다. 남보다 잘하는 것, 아이만이 가지고 있는 개성을 잘 발휘할 수 있도록 하는 다양한 경험을 제공하는 것이 무엇보다 중요합니다.

아이의 능력을 남과 비교하면 안 됩니다. 능력은 아이마다 각기 다르기 때문이지요. 독서를 좋아하는 아이들이라고 선호하는 분야가 같은 것이 아닙니다. 동화나 아동소설을 좋아하는 아이도 있고 시나 동극을 좋아하는 아이도 있습니다. 또 동화를 좋아하더라도 어떤 아이는 공상동화를, 어떤 아이는 동물동화를 좋아하기도 합니다.

형제의 머리를 비교하면 형제를 다 해치지만, 개성을 비교하면 양쪽을 다 살린다.

유대인의 격언입니다. 이 격언 속에는 중요한 사실 하나가 들어 있습니다. '아이의 개성과 재능을 살려주라'는 메시지입니다.

스틸버그는 영화를 만드는 분야에 있어서는 타의 추종을 불허하는 천재입니다. 천재는 공부를 잘하는 아이가 아니라 남과 다른 개성을 지닌 아이입니다. 남과 다른 개성을 살려주는 일, 이것이 자녀교육의 키워드며 첫 디딤돌입니다.

제발 '공부' 하나만의 잣대를 가지고 아이를 평가하지 마세요. 공부가 싫은 아이에게 억지로 공부를 시키는 것은 아이의 개성과 특성을 무시하는 폭력과도 같은 것입니다. 인생을 사는 데 공부만이 최고가 아닙니다. 인생은 행복해야 합니다. 공부도 행복하기 위해서 하는 것입니다.

이 시대의 큰 지성, 스님의 말씀을 경청합니다.

이 세상에서 어떤 사람이 가장 행복할까? 부자일까, 세도가일까, 건강한 사람일까? 아니다. 자기 뜻대로 착하고 아름다운 일들을 이룰 수 있는 사람이다.

『금강경』에서는 "일체 현상계는 꿈이며 환(幻)이며 물거품이며 그림자이며 이슬과도 같고 또한 번개와도 같으니 이와 같이 여길지니라"라고 말씀하신다. 행복을 구한다면 마땅히 그림자 아닌 실자를 찾아야 한다. 실자란 참마음, 불심이다. 불심인 진리가 행복의 근원이다. 행복을 구하는 자는 무엇보다 불심을 잡아 제 것으로 만들어야 한다. 불심은 무량한 지혜이고 끝없는 사랑이고 생명이고 보장(寶藏)이고 평화이고 광명이다.
●광덕, 행복의 법칙, 누가 행복할까

불심(佛心). 부처님 마음. 이것은 부모를 행복하게 하고 아이를 행복하게 하는 기술입니다. 불심은 무량한 지혜이고 사랑이며 광명입니다. 불심 하나 가슴에 켜는 일, 이 작은 일만으로도 우리는 행복한 삶을 살아갈 수 있고 아이가 가진 전생의 DNA를 일깨울 수 있습니다.

놀이가 DNA를 자극한다

퍼즐놀이, 찰흙공작, 종이공작, 종이접기, 그림그리기, 구슬치기, 딱지치기, 팽이치기, 공기놀이, 고두놀이, 블록 쌓기 등은 매우 유익한 놀이입니다. 이런 놀이들을 하면서 아이들은 대화를 나누며 협동심과 양보심 그리고 타협심을 배워 나갑니다. 놀이를 하는 가운데 상대방과 나누는 교감이 아이의 지적·감성적인

DNA를 일깨우지요.

유대인들은 아이가 만 3세가 될 때까지 수학이나 과학과 같은 공부를 시키지 않는 것으로 알려져 있습니다. 그에 반해 우리나라의 부모들은 아이가 걸음마를 떼기도 전에 글을 가르치고 셈하기를 가르치려 합니다. 심지어는 도덕질서까지 가르치려 합니다.

> 도덕질서와 사회 관습에 관계되는 것은 어떤 것도 일찍부터 아이에게 가르쳐서는 안 된다. 그가 그런 것들을 이해할 수 없기 때문이다.
> ● 루소, 에밀

재촉하기는 아이의 발달단계에 맞지 않아 효과가 떨어지며 타고난 전생의 DNA에 방해를 줄 뿐입니다. 글을 가르치고 셈하기를 가르치는 것보다 그림을 통해 말하기와 듣기를 가르치는 것이, 구체물을 가지고 놀면서 수 개념을 형성시켜 주는 것이 효과적입니다.

동시 작가인 김녹촌 선생에 의하면 아이들에게 시를 쓰게 하려면 무엇보다 경험하도록 해야 한다는 것입니다. 그냥 앉아서 상상으로 쓰는 시는 '죽은 시'이지 '살아 있는 시'가 아니라고 말합니다. 체험이나 경험을 바탕으로 한 시를 써야 거짓이 없고 꾸밈없는 '살아 있는 시'가 된다는 것이지요. 선생의 말을 들어봅니다.

> 아이들을 데리고 밖으로 나갔습니다. 밖에는 잔디밭도 있고 꽃밭도 있습니다. 뜰 주위를 돌며 나무와 풀, 낙엽에 대해 자세히 설

명하고 관찰시키며 자연을 공부를 시켰습니다. 그리고는 낙엽을 한 움큼 쥐어 가지고 강의실로 들어왔습니다. 오감五感을 동원해 낙엽의 특징을 관찰하도록 한 후, 자연 관찰을 할 때와 같이 크기, 색깔, 냄새, 생김새, 촉감, 느낌과 생각, 상상한 것 등을 조목조목 될 수 있는 대로 많이 적으라고 했습니다.

● 김녹촌, 어린이시 쓰기와 시 감상지도는 이렇게

아이가 시를 쓰는 데도 경험과 체험이 중요합니다. 소설가들이 소설을 쓰는 데도 자신이 경험한 세계나 장소를 택하는 경우가 이런 이유에서입니다.

놀이와 경험은 전생의 DNA를 되살려 내는 데 아주 좋습니다. 놀이는 축척된 지식을 새롭게 변형시키며 새로운 세계로의 발돋움을 할 수 있도록 해 주는 학습입니다. 유치원이나 초등학교 저학년의 교육과정을 보세요. 놀이와 체험을 얼마나 강조하고 있는가를요.

노벨상을 수상한 영국의 미생물학자인 플레밍Alexander Fleming이 항생제의 일종인 페니실린을 발견한 것은 우연이 아닙니다. 플레밍은 "나는 페니실린을 만들지 않았어. 자연이 만들었지. 나는 우연히 그것을 발견했을 뿐이야. 내가 남보다 좀 나았던 점은 그 현상을 그냥 지나치지 않고 대상을 추적한 데 있었어. 나는 곰팡이를 가지고 놀고 있지. 놀이에는 규칙이 있는 법, 그 규칙을 유지하기도 하고 깨기도 했지. 그러면서 아주 새로운 사실을 발견하는 거야."라고 말했습니다.

플레밍은 미생물학자가 되고 나서도 자기가 하는 일을 놀이삼아 했다고 했습니다. 그러니 하는 일이 신나고 진전이 있을 수밖에요. 세균을 가지고 놀면서 규칙을 깨뜨리는 일을 통해 생명을 건지는 위대한 항생제를 발견한 것입니다.

올라가야 할 계단

우리에게는 올라가야 할 인생의 계단이 많습니다. 아이들도 역시도 올라가야 할 계단이 많습니다.

계단을 오를 때는 아이를 안고 올라갈 수도 있고, 등에 업고 올라갈 수도 있으며, 스스로 올라가게 할 수도 있습니다. 오르는 곳은 같지만 올라가는 방식에 따라 아이에게 미치는 영향은 각기 다릅니다.

아이가 힘겨운 세상을 살아갈 수 있도록 능력을 키워 주는 일, 이것은 부모의 몫입니다. 오로지 출세욕만을 지향하는 교육은 진정한 교육이 아닙니다. 카이스트에 다니는 학생들이 자살하고, 성적이 떨어진다는 질책으로 고민하다 투신하고, 입학시험에 떨어졌다고 비관하다 목숨을 끊고……. 공부가 절대 행복의 기준이 된다는 생각을 버려야 합니다. 출세가 행복을 보장해 준다는 등식을 버려야 합니다. 공부는 행복하기 위해서 하는 것입니다.

스님의 말씀을 경청합니다.

오늘날 물질주의, 금권주의의 물결 속에서 우리의 어린이들은 천 갈래 만 갈래의 표정을 강요받고 있다. 기성사회의 원리와 그 의미와 그 작용을 재치 있게 빠른 속도로 적응하기를 강요받아서

어린이가 가진 끝없이 높고 맑고, 걸림 없는 자유천지가 막혀 있는
것이다. ●광덕, 명상언어집·봄, 어린이에게 꿈과 희망을

천 갈래 만 갈래의 표정을 강요받은 아이들. 가정에서, 학교에서, 학원에서, 사회에서 아이들은 어른들의 요구에 기계화되어 가고 있습니다. 그래서 아이들이 가진 높은 이상, 맑은 이성, 천재성이 무시되고 있습니다.

스님은 이것이 안타까워 오늘을 사는 부모들에게 애끓는 심정으로 이런 법문을 내려주고 있습니다.

어린이들에게 지극히 고귀하고 지극히 높은 덕성과 아름다운 능력이 무진장으로 간직되어 있다는 긍지를 심어 주자. 가난한 집에 태어나기도 하고 외로운 집에 태어나기도 하며 고통스런 환경에서 성장하고 있을지 몰라도 모두에게 끝없는 희망과 자신과 용기를 차별 없이 불어넣어 주자. ●광덕, 위의 책, 어린이에게 꿈과 희망을

스님은 아이들 모두가 지극히 고귀한 덕성, 천사처럼 지극히 아름다운 능력, 천재적인 전생의 DNA을 갖고 있다고 설파했습니다. 그것도 무진장으로……. 이 사실은 심리학자, 교육학자, 정신분석학자, 교단에서 아이들을 가르치는 교육자들이 공감하고 있습니다.

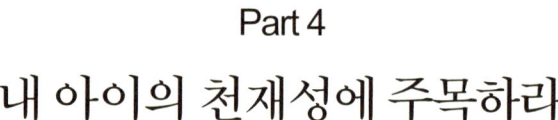

Part 4
내 아이의 천재성에 주목하라

논리수학지능이 떨어져 공부를 못한다고 실망할 필요가 없습니다. 간디처럼 논리수학지능이 떨어지더라도 아이에게는 탁월한 전생의 DNA가 잠자고 있으니까요. 그 능력을 계발시키고 발현시키는 일, 이 일만이 중요할 뿐입니다. 아이들은 모두가 간디처럼 숨은 비범한 재능을 소유하고 있습니다. 이것은 거짓이 아닙니다. 진실입니다.

천재로 만들기 위한 부모의 수행

- 아기는 애정을 가지고 길러야 한다. 젖을 먹일 때, 기저귀를 갈아줄 때, 기회 있을 때마다 웃는 얼굴로 마주하며 대화하고 따뜻한 애정을 주어야 한다. 아기는 저를 사랑해 준다고 느낄 때 행복하게 된다. 아이가 이 세상에 태어난 것을 기뻐하도록 해야 한다. 그리고 자기가 귀여움을 받고 있다는 것을 알게 하자.
- 아기가 아직 말을 못할지라도 말을 잘 알아듣는다고 생각하면서 아기에게 많은 이야기를 해 주자. 애정 있는 말을 많이 해 줄수록 현명하게 자란다.
- 아기에게 책 읽기를 가르치되 무리하지 말고 놀이 속에서 즐겁게 배우도록 지도하자.
- 몸과 마음이 모두 훌륭하게 되도록 기르려면, 가정환경이 좋고 엄마와 아버지의 조화가 무엇보다도 중요하다. 부모의 태도에서 아기는 많은 것을 배운다.

일본의 교육학자 시치다 마코도의 '0세 교육'에 대한 주장입니다.

교육이라 하면 공통적으로 통하는 메시지가 몇 가지 있지요.

첫째는 절대긍정하는 태도, 둘째는 사랑의 언어(愛語) 속삭이기, 셋째는 놀이에 가치 두기 등입니다.

아이를 신뢰하는 절대긍정은 아이의 능력을 개발하는 데 절대적인 영향력을 미칩니다. 절대긍정은 아이가 가진 전생의 DNA를 일깨우는 데 최고의 기술, 최고의 아트(art)니까요.

사랑의 언어는 붓다께서 말씀한 사섭법(四攝法) 가운데 하나지요. 사섭법이란 보살이 중생을 교화하여 불도에 이르게 하는 네 가지 수행법으로 그 중의 하나가 애어섭(愛語攝)입니다. 애어섭이란 밝고 부드러운 말로 상대를 감싸 주는 것을 말합니다.

칭찬하고 격려하고 찬탄하는 애어섭은 아이의 자존감을 높여 주는 영약입니다. 꾸중을 들으며 자란 아이는 성공하지 못합니다. 칭찬과 격려 속에서 자라는 아이가 성공합니다. 꾸중을 들으며 자란 아이는 세상을 부정적으로 봅니다. 그러나 칭찬 받고 자란 아이는 세상을 밝고 긍정적으로 봅니다.

스승의 칭찬에 대한 기쁨, 이 기쁨을 제자는 이렇게 노래합니다.

살다가 죽어서 저승에 가면 심판을 받는다고 하는데 그때 심판관이 나에게 인간 세상에서 가장 귀한 지고의 보물을 딱 한 가지만 들라고 하면 나는 스님(광덕스님)이 나에게 주신 칭찬을 유일하게 거론할 것이다. 스님의 칭찬은 어둠 속을 헤매고 있는 나에게 밝은 불빛이었다. 내 삶의 활력은 스님의 불성 칭찬 속에서 마구 용솟음쳤고 파도쳐 갔다.

● 송암, 광덕스님 시봉일기 제2권 · 징검다리

아이는 놀이를 통해서 배우고 인격을 성숙시켜 나가며 전생의 DNA를 이끌어 냅니다. 소꿉놀이를 하는 가운데 친구와의 대화하는 법을 익히고 양보를 배우며 공감능력을 형성시켜 나가지요. 대화를 통해 상대방의 감정을 읽을 수 있는 능력을 얻고 상대방의 표정을 읽으면서 무언의 언어를 습득합니다. 그 속에서 지켜야 할 규칙을 배우고, 서로가 협력하는 협동심을 배웁니다. 다툼이 난다면 해결방법을 찾고 그 문제를 해결합니다. 소꿉놀이에 몰입하는 가운데 집중력이 향상되고 성취감을 느끼기도 합니다. 각 분야의 천재들은 자기가 하는 일에 여유를 가지고 놀이를 하듯 하지 집착하지 않습니다. 세균학자 플레밍Fleming이 놀이하듯 세균을 다루면서 페니실린을 발견했듯 공부도 놀이를 하는 것처럼 자연스럽게 여유를 가지고 하면 큰 성과를 얻을 수 있습니다. 1, 2등 하는 아이들을 보면 설렁설렁 해도 밤을 하얗게 새우며 공부하는 아이보다 늘 성적이 낫습니다. 공부에 집착하지 않고 놀면서 즐겁게 하기 때문입니다.

미국의 캘리포니아 대학의 그렛지 교수는 어린 새끼쥐를 두 집단으로 나누어 실험을 했습니다. 한 집단은 아무 유희를 즐길 수 없는 빈 공간에, 다른 한 집단은 보는 것, 듣는 것, 가지고 놀 수 있는 사물들이 있는 곳에서 길렀습니다. 며칠이 지난 후 미로가 있는 곳에 쥐들을 풀어 놓자 빈 공간에서 길러진 쥐들은 먹이를 거의 찾지 못하거나 찾는 데 많은 시간을 소비했습니다. 장난감이 많은 곳에서 길러진 쥐들은 먹이를 쉽게 찾아냈습니다. 실험을 마친 그렛지 교수는 쥐의 뇌를 해부하여 조사해 보았습니다. 텅 빈 공간에서 자란 쥐들은 뇌가 작고 발달 수준이 미미했습니다. 장난감이 풍부한 곳에서 자란 쥐들은 뇌가 크고 분화된 모습을 보여 주었습니다.

재능체감

재능의 발견과 증진은 어릴수록 좋다는 연구 결과가 있습니다. 이를 증명해 주는 것이 이른바 '재능체감의 법칙'입니다. 교육을 빨리 시작한 아이일수록, 0세에 가까울수록 재능이 크게 개발되고 개발되는 속도가 빠르지만, 교육을 늦게 시작한 아이일수록 재능이 개발되는 가능성은 점점 낮아진다는 주장입니다. 여기서 말하는 교육은 아이의 인지발달에 맞는 교육을 말하는 것이지 재촉하기 교육을 말하는 것이 아닙니다.

유치원의 창시자 프뢰벨Fröbel은 말합니다.

유아가 할 수 있을 때까지의 변화 모습은 초등학교 아동이 뉴턴Newton(영국의 물리학자)으로 성장하는 과정보다도 훨씬 크다.

스위스의 동물학자 포르트만Portman은 인간은 다른 동물처럼 성숙하지 못한 뇌를 가지고 태어난다는 사실을 알아냈습니다. 자연 상태에서 태어나는 동물은 태어나자 걷고 뛰어다니지만 인간은 걷기까지 1년 가까이 걸립니다.

　이런 사실이 어쩌면 인간을 천재로 만들 수 있다는 단초를 제공하는 것인지 모릅니다. 만약 인간이 다른 동물처럼 모태에서 거의 성숙한 상태로 세상에 태어난다면 동물의 수준 정도에 머물지 모를 일입니다. 인간은 미숙하게 태어나 외부의 숱한 자극을 받으며 엄청나게 지능이 성숙해 가지요. 다른 동물들은 아무리 고등할지언정 1년이면 지능이 거의 멈추어 버립니다. 사자의 경우를 보더라도 적자생존의 법을 1년이면 마스터하고 그 지능으로 평생을 살아갑니다.

　사람은 1년이 아니라 어린 시절 대부분에 걸쳐 지능이 성장합니다.

　"외부의 자극이 없으면 우리의 지능[뇌]는 발달하지 않는다."

　이 주장은 대뇌생리학자는 물론 교육학자, 심리학자의 한결같은 주장입니다. 인간의 지능은 뇌세포에 자극을 줌으로써 발전합니다. 지능이 무궁무진하게 발전할 수 있는 가능성, 이 전생의 DNA를 발현시키기 위해선 반드시 '자극'이 필요한 것입니다. 자극이라 함은 외부의 환경요소 모두가 포함됩니다. 자연의 사물은 물론 정신적인 자극, 부모의 애정 이런 눈빛까지도 포함됩니다.

깨달음

　스님들이 선방에서 수행하는 참선의 경우도 이미 몸속에 내재된 '깨달음'이라는 것을 체득하고 발현하는 것입니다. 참선을 통해 우주와 내가 하나이고 일체 중생이 한 몸임을 자각해 절대의 세계에 들어가는 것이라고 말할 수 있습니다. 깨달음은 발명하는 것이 아니라 발견하는 것입니다. 이미 있던 내재가치를 전생의 DNA처럼 현발하는 것이지요. 그래서 '깨닫는다'라고 표현하는 것입니다.

불교는 완전무결한 본 모습을 발견하고 깨닫는 종교이지 없는 것을 만들어 내는 창조의 종교가 아닙니다.

아이가 가진 전생의 DNA를 찾아내고 계발시키는 일. 이것은 참선과 같은 수행입니다. 깨달음이야 본인이 찾지만 전생의 DNA는 아이가 어려서 그것을 못 찾기에 부모가 대신 찾아주는 것입니다.

깨달음의 세계를 짐작할 수 없는 범부가 있기에 붓다는 8만 4천의 법문을 설했고, 광덕스님도 평생을 당신의 수행을 뒤로 미루고 고뇌하는 중생 곁에 머문 것입니다. 중생이 가진 전생의 DNA인 불성을 깨닫게 하고자 중생 곁에서 평생을 머문 것이지요. 붓다는 말씀했습니다. 이 세상에 붓다가 출현한 이유가 오로지 "일체 중생에게 불지견佛知見을 열어 주기 위함"이라고.

불지견을 여는 일, 우리의 생명이 본래 부처였음을 깨닫는 일, 아이가 가진 무한 능력장을 드러내게 하는 일, 이것보다 위없는 행복이 있을까요?

스님은 말씀합니다.

불심인 진리가 행복의 근원이다. 행복을 구하는 자는 무엇보다 먼저 이 불심을 잡아서 제 것으로 만들어야 한다. 이 불심이 만능자이다. 무엇이든 거기서 나온다. 불심은 무량한 지혜이고 끝없는 사랑이고 생명이고 보장이고 평화이고 조화이고 힘이고 광명이다.

● 광덕, 행복의 법칙, 행복의 법칙

내 아이도 천재일까?

루소Rousseau는 인간이 태어날 때 백지와 같다고 했습니다. 이 주장은 역설적이게도 무한 능력을 가지고 태어났다는 주장과 다르지 않습니다. 백지에는 세상의 모든 것을 담을 수 있으니까요. 우리의 작은 눈에 우주를 담을 수 있듯이 아이의 작은 뇌에도 세상의 모든 것이 담길 수 있습니다.

루소가 말한 백지. 이 말에는 '아이들은 모두가 천재'라는 속뜻이 숨어 있지요. 백지이기에 천재가 될 수 있는 것이거든요. 천재라고 불리는 사람들 100%가 백지에서 시작했으니까요.

인간의 아기라면 그 어느 아기든지 예외 없이 인간 가운데 가장 훌륭한 천재이다. 인간의 아기라는 사실만으로도 그 누구도 예외 없이 모두 천재이다. ● 시치다 마코도, 엄마 나를 천재로 길러주세요

"내 아이가 천재라니 말도 안 돼" 하고 반문하는 부모가 있을 것입니다. 그냥 하는 소리겠지 하고 반신반의하는 부모도 있을 것입니다.

이러한 부모들에게 스님은 이런 말씀을 들려줍니다.

우리의 참생명인 자성은 태양보다 밝고 허공보다 넓으며 바다보다 깊고 온갖 원만한 능력과 덕성이 가득 넘친다. 이것이 불성인 인간 생명의 진정한 모습이다. 이 밖에 다른 것들은 모두가 미혹의 결과로 생긴 허망한 그림자다.

큰스님께서는 늘 이렇게 강조하셨다.

● 송암, 광덕스님 시봉일기 제4권 · 위법망구

천재로 만들기 위한 수행

나는 이쯤에서 아이가 타고난 역량, 재능을 키워 주기 위한 명상 수행을 제안합니다.

방석 위에 앉아 눈을 감고 이렇게 생각합니다.

아이가 뭘 하고 싶어 하는지를 떠올려 봅니다. 부모인 내가 아이에게 얼마나 추진자 역할을 했는지 생각해 봅니다. 그런 다음 자신에게 속삭입니다.

"내 아이의 능력은 무한하다. 반드시 목표를 성취할 수 있다."
"내 아이는 천재다. 반드시 목표를 성취할 수 있다."
"내 아이의 생명은 부처님 생명이다. 반드시 목표를 성취할 수 있다."

이 수행을 한 달, 아니면 1주일만이라도 실행한다면 아이의 사생활은 물론 아이의 능력이 눈에 띄게 달라질 것입니다. 부모가 바뀌는 까닭입니다. 내가 바뀌면 가족이 바뀌고 이웃이 바뀌고 세상이 바뀝니다. 사랑을 받고 자란 아이만이 남을 사랑할 수 있습니다. 칭찬을 받고 자란 아이만이 남을 칭찬할 줄 압니다.

스님의 말씀을 경청합니다.

자녀들을 바로 키우는 핵심은 칭찬입니다. 칭찬을 아끼지 말아야 합니다. 잘못한 것보다는 잘된 점을 발견해 칭찬해 주어야 합니다. 칭찬에 인색해서는 안 됩니다. 인정받고 칭찬받으면, 인정받고 칭찬받은 것이 더욱 성장합니다.

착하고 지혜롭고 잘하는 아이라고 깊이 믿어 주어야 합니다. 부모의 신뢰가 더욱 어린이의 성품을 굳혀 갑니다. 부모는 어린이의 완전상, 부처님의 자비하신 광명에 싸여 훌륭하게 성장하고 있는 것을 마음의 눈으로 지켜보고 염불하며 기도해야 합니다.

● 광덕, 삶의 빛을 찾아, 자녀에게 긍지를 심어주자

우리 아이, 간디와 어떤 차이가 있을까

다중지능을 개발하기 위해서는 다원화된 교육방법이 필요합니다. 논리수학지능이 우수한 아이에게 딱 이렇게 하라는 정형화된 교육방식이 존재하는 것이 아니니까요. 그래서 아이가 가진 전생의 DNA에 숨어 있는 천재성을 발견해서 키워 주는 일이 중요한 일이지요.

두 가지 제안

• 선생님과 상담하라

다중지능을 개발하기 위해서는 선생님과 의논하는 것이 좋습니다. 선생님은 아이 교육의 전문가니까요. 선생님은 수십 명의 아이들을 한꺼번에 가르치면서 아이들의 특성을 비교할 객관적인 자료를 갖고 있습니다.

대학교수가 초등학생을 가르칠 수 없습니다. 초등학교 교사가 유치원생들을 가르칠 수 없습니다. 이것이 전문성입니다. 농사를 짓는 전문가는 농학박사가 아니라 농부입니다. 지식은 경험보다 아래입니다.

관련지능을 계발하라

아이가 성공하기 위해서는 해당분야의 지능이 뛰어나야 합니다. 가령 그림 그리기에 소질이 없는 아이는 아무리 연습을 하더라고 재능이 있는 아이만 못합니다. 해당분야의 지능이 뛰어난 것도 중요하지만 관련지능도 함께 계발시키지 않으면 안 됩니다. 일례로 운동선수라고 해서 신체지능만이 뛰어난 것이 아니지요. 운동선수들은 어려움을 극복할 수 있는 자기이해지능, 자신의 컨디션을 발휘할 수 있는 논리수학지능, 상대방의 심리를 이해할 수 있는 대인관계지능을 겸비하는 경우가 많습니다. 아이가 가진 지능은 이렇게 복합적으로 작용합니다.

다중지능을 계발할 때는 가지고 태어난 전생의 DNA를 계발함과 동시에 다른 관련지능을 계발할 수 있도록 해 주는 것이 중요합니다. 그림을 잘 그리는 아이에게 공간지능을 키울 수 있는 환경을 제공하는 것도 중요하지만 그림을 잘 그릴 수 있는 다양한 경험을 제공하고 넓은 세상과 만날 수 있는 기회를 제공하는 것이 필수적입니다. 가령 아이에게 스포츠 그림을 그리게 할 때 스스로 신체지능을 현발할 수 있는 기회를 제공하면 더욱 좋다는 뜻입니다.

내 아이의 천재성을 주목하라

마하트마 간디Mahatma Gandhi. 인도 독립의 아버지이며 사상가이고 인도 건국의 아버지라고 불립니다.

간디는 그리 유복하지 못한 집안에 태어났습니다. 아버지는 전혀 교육을 받지 않은 평범한 사람이었고 어머니 역시 마찬가지였습니다. 간디의 형은 학교를 다니다 자퇴하였습니다. 간디 역시 공부는 평범했습니다. 학교 과정을 제대로 따라가지 못해 학교를 그만둘까도 생각했습니다. 신체운동지능이 떨어져 체육시간을 몹시 싫어하기도 했고요. 그러다 보니 친구들과 잘 어울리지 못했습니다. 그러나 그에게는 남이 가지지 않은 특징적인 사실이 있었습니다. 거짓말을 싫어하고 올곧은 정의, 진실을 가장 가치 있게 두었던 신념이었습니다.

이런 간디는 1887년 영국의 런던으로 유학길에 오르게 되는데 이것이 간디의 역사를 쓰게 만든 계기가 된 것입니다. 간디는 런던의 유학생활 동안 자신 속에 잠재된 DNA를 유감없이 발휘하게 된 것입니다. 법률을 공부하며 남과의 대인관계가 얼마나 중요한지를 깨닫게 되었습니다. 그 결과 간디에게 있어 숨어 있던 대인관계지능이 상상을 초월할 정도로 개발되었습니다. 더불어 자신의 역할이 어떤 것인가를 깨닫는 자기이해지능이 눈부시게 발전되었습니다. 간디는 이때 남아프리카공화국에서 자국의 국민이 얼마나 학대받고 차별을 받고 있는지를 목격하고 자신이 어떤 역할을 할지를 결정했습니다. 인종차별의 실상을 세계에 알리고 인종의 평등함을 전 인류를 향해 알리고 자국민의 권리를 찾기 위한 운동을 전개하기 시작한 것입니다. 이 과정에서 간디는 정치가로서 인도의 인권운동가로서 갈채를 받았습니다.

마침내 간디는 국민의회파의 수뇌가 되어 인도를 하나로 엮는 노력을 경주했습니다. 그 일환이 바로 인도를 식민지화하고 있던 영국에 대해 비폭력 운동을 전개한 것입니다. 이 운동은 전 세계인에게 감동을 주었지요. 이 사실은 간디의 '기도문'에도 잘 나타나 있습니다.

인도는 우리나라입니다. 모든 인도인들은 우리 형제이고 자매입니다. 우리는 인도를 사랑하고 그 풍요롭고 다채로운 문화유산을 자랑스럽게 여기면서 항상 그 가치를 존중합니다. 우리는 부모와 선생님, 그리고 모든 어른들을 존경하고 누구에게나 친절히 대합니다. 우리나라와 국민에게 헌신할 것을 맹세합니다. 그분들의 평안과 번영이 곧 내 행복입니다

이런 간디의 호소는 영국민들에게 자성의 기회를 촉발하였고 이에 감동한 영국민은 인도를 떠났습니다.

간디는 논리수학지능이나 신체운동지능은 약했지만 대인관계지능만큼은 세계를 움직일 정도로 매우 뛰어났습니다.

그럼 간디의 지능에 영향을 준 요소가 무엇일까요?

첫째는 영국 유학입니다. 인도를 떠나 세계의 문명을 접할 수 있는 경험을 준 영국의 유학생활은 세계 인권과 역사를 보는 안목을 틔워 주었습니다. 시야를 넓혀 주는 경험이 엄청난 에너지를 가져다준 셈입니다.

둘째는 환경입니다. 자신의 나라가 영국의 식민지가 된 것은 간디에게 있어 엄청난 상처였습니다. 자신의 나라를 엉뚱한 나라가 힘의 논리로 짓밟는 부당성이 간디에게는 용납될 수 없는 일

이었습니다.

셋째는 설득의 힘입니다. 진실은 거짓과 위선을 이기지 못한다는 신념, 이 신념이 간디를 만든 동력원이기도 합니다. 그래서 독립운동을 벌이면서도 비폭력을 주장했습니다. 비폭력주의가 영국인을 감동시켰고 세계를 움직이는 힘이 된 것입니다.

간디의 경우에서 보듯이 아이가 논리수학지능이 떨어져 공부를 못한다고 실망할 필요가 없습니다. 간디처럼 논리수학지능이 떨어지더라도 아이에게는 숨겨진 탁월한 전생의 DNA가 잠자고 있으니까요. 그 능력을 계발시키고 발현시키는 일, 이 일만이 중요할 뿐입니다. 아이들은 모두가 간디처럼 숨은 비범한 재능을 소유하고 있습니다. 이것은 거짓이 아닙니다. 진실입니다.

아이의 천재성에 주목하라는 스님의 법문을 경청합니다.

사람은 진리의 실현자이다. 그 안에 무한한 재능이 깃들어 있다. 그 중에서 어린이는 아직 갈지 아니한 금강석과도 같다. 그러니 어린이가 천재성을 나타내지 않는다 하여 결코 업신여겨서는 아니 된다. 그것은 진리에 대한 불경이다.

어린이에게는 무한한 진리가 깃들여 있는 것을 믿자. 길가에 흩어져 있는 이름 없는 풀에게조차 우주의 신비가 담겨 있지 아니한가. 그러하거늘 어찌 우리의 어린이에게 재능이 없겠는가. 우리 어린이의 뛰어난 재능을 신뢰하자. 어린이는 진리의 실현자임을 알고 어린이 자신도 스스로가 진리의 실현자라는 자각을 갖도록 일러 주자. 그리하여 자신에게 깃든 고귀한 천품을 때 묻히거나 매몰시키지 않도록 도와주자.

● 송암, 광덕스님 시봉일기, 환생, 어린이와 금강석

"어린이에게는 무한한 재능이 깃들여 있다. 갈지 않은 금강석과 같다. 고귀한 능력을 매몰시키지 않도록 도와야 한다."

교육자들은 이런 말씀에 찬사를 아끼지 않습니다. 이 법문이 아이를 훌륭히 성장시키는 최고의 기술이고 지혜이기 때문입니다.

"아이를 결코 업신여겨서는 안 된다. 진리에 대한 불경이다. 어린이의 뛰어난 재능을 신뢰하라."

스님의 벽력같은 사자후. 이 사자후 앞에 우리는 두 손을 모으고 이렇게 명상합니다.

스님의 말씀처럼 아이들 모두는 천재이고 무한능력자입니다. 아이들에게 깃든 고귀한 천품을 매몰시키지 않겠습니다. 아이들은 아직 갈지 않은 금강석과 같으니까요.

DNA의 발현

아이들의 가지고 있는 전생의 DNA를 일깨우기 위해서는 몇 가지의 노력이 뒷받침되어야 합니다.

- 자아의식을 길러 주어야 한다.
- 잘못된 행위는 바르게 잡아 주어야 한다.
- 다른 똑똑한 아이들에게 받은 스트레스와 상처를 치유해 주어야 한다.
- 아이들의 두뇌 구조와 조화를 이루는 교육을 해야 한다.

아이교육은 잠재된 전생의 DNA에 기반을 두고 있습니다. 이 DNA는 아이가 성장하면서 어떤 방향으로 가느냐에 영향을 끼칩니다.

환경 또한 무시할 수 없습니다. 아이가 우수한 유전형질을 가지고 태어났다손 치더라도 어떤 환경을 만나느냐에 따라 유전형질은 변화를 거듭합니다. 가령 아이를 인정해 주고 아이가 하고자 하는 분야에 적극적인 신뢰를 보낸다면 아이는 그 방향으로 성장하지만, 자아존중감을 짓밟고 비난하며 부모의 입맛대로 디자인하려 한다면 아이의 DNA는 좌초를 하게 됩니다.

미국의 아동학대정보원은 "인간과 환경의 상호작용은 두뇌발달을 조직화하고 어떤 사람이 될지를 결정한다"는 연구결과를 발표한 적이 있습니다. 환경이 인간의 두뇌를 조직화한다는 것이지요.

자아의식의 발달

자신을 긍정적으로 여기는 아이는 스스로를 세상 사람들에게 필요한 사람이라고 인식합니다. 세상을 위해 할 수 있는 일이 무엇일까 생각하면서 정체성을 확립하고 사회에 공헌할 인재로 성장하지요.

소아정신과 의사들이나 심리학자들은 어머니 뱃속에 잉태될 때부터 유아기 초반까지의 경험이 아이가 어른이 될 때까지 DNA의 구조화에 큰 영향을 주고 있다고 보고 있습니다.

학자들 역시 임신부가 뱃속에 있는 아이를 위해 좋은 환경을 제공하고 아이를 배려하고 사랑하는 메시지를 보내면 태아 역시 자신의 존재감과 긍정적인 자아의식이 형성된다고 말합니다. 또한 태어난 아이에게 안정되고 평안한 양육환경을 제공해 줄 때 아이의 뇌는 더욱 발달되고 안정되며 자신이 가지고 태어난 DNA를 더욱 발휘할 수 있게 된다고 합니다. 그러나 산만한 아이들은 그렇게 취급되지 못할 수도 있습니다. 많은 사람들이 집중력이 떨어지는 아이, 자제능력이 없는 아이로 치부해 버리니까요.

스님은 아이에게 제공되는 환경에 대해 이렇게 말씀합니다.

털끝만큼이라도 부모나 가족 사이에 불화 반목이나 틈이 생기면 이것은 바로 생명 바탕에 금을 내는 것이다.

● 광덕, 빛의 목소리 2, 청소년이 성장할 조건

7세 이전의 아이

스웨덴에서는 7세 이전에 읽기교육을 시키지 않습니다. 그런데도 많은 시간을 교실에서 보낸 미국의 아이들보다 학업성취도가 높습니다.

이는 전생의 DNA와 무관하지 않습니다. 인간의 발달단계에 큰 영향을 미치는 인지학인 발도르프Waldorf 교육의 창시자 루돌프 슈타이너Rudolf Steiner는 "아이들은 적어도 7세 이전에 어떤 것도 억지로 배우게 해서는 안 된다"고 주장했습니다. 이는 정형화된 교육의 프레임에 적응할 준비가 되어 있지 않은 어린 아이들에게는 초기 발달단계에 해를 끼치기 때문이라는 것입니다.

이 이론은 너무나 유명해졌고 스웨덴 교육의 모델이 되었다고 보아집니다.

직관적인 사고는 신의 선물인 반면 이성적 사유는 충실한 추종자이다. 우리는 신의 선물에 대해서는 까맣게 잊고 추종자만 떠받드는 사회를 만들어 버렸다.

과학자 아인슈타인Albert Einstein의 말입니다. 여기서의 신은 절대자가 아니라 천부적, 다시 말해 전생의 DNA구조를 말합니다. 아인슈타인은 전생의 DNA가 발현되지 못하는 것을 매우 안타깝게 여겼습니다. 반면에 이성적 사유, 후천적으로 이루어진 강압적인 교육만을 강조해서는 안 된다고 주장했습니다.

인간은 무엇이든지 자신의 잣대로 재려 합니다. 하지만 어제 옳았다고 한 정의가 오늘은 뒤바뀔 수 있습니다. 최고라고 판단했던 어제의 판결이 오판으로 기록될 수 있습니다. 제행무상이라는 붓다의 가르침을 빌지 않더라도 이 세상의 모든 것은 끊임없이 변합니다. "내 생명이 부처님 공덕생명"이라는 진리 이외의 모든 것은 고정된 실체가 없습니다.

우리의 몸도 어제 다르고 오늘 다릅니다. 오늘의 몸이 내일의 몸이 될 수 없습니다. 마음도 마찬가지입니다. 방금 전까지 좋았던 사람이 갑자기 미워지기도 하고 사랑스럽던 사람이 원수처럼 생각되기도 합니다.

아인슈타인은 이 같은 진리를 꿰뚫어본 것입니다. 그래서 이성적 사유에만 매달리면 안 된다고 주장했습니다. 아인슈타인은 세상에 영향을 준 자신의 통찰력이 지극히 이성적인 것에서 나왔거나 선형적인 것에서 나오지 않았다고 말했습니다.

선형적인 것이 어떤 것일까요? 예를 들면 글을 쓸 때 계획-주제잡기-얼개 짜기-글쓰기-퇴고하기의 단계를 거치는 것을 말합니다. 아인슈타인은 이런 것에 고정되지 말 것을 주문했습니다. 실제로 글쓰기를 하다 보면 계획을 수정해야 할 경우가 있고 퇴고하다 더 써 넣어야만 될 경우가 있거든요.

이런 측면으로 볼 때 어떤 사고의 틀이 문제를 쉽게 해결할 수 있으면 다행스럽지만 그렇지 못할 경우 다른 사고를 입체적으로 조직하는 능력이 필요한 것입니다. 그러나 선형적인 사고를 가진 사람들은 계속 실패한 방법에만 맴돕니다.

스님은 선형적인 사고를 깨라고 말씀합니다.

자기 한정의 벽을 깨지 못하는 데는 이유가 있다. 미혹으로 인한 자각의 부족이다. 그래서 자신을 종속적 관계에 있는 한정자라든가 역량이 부족하여 밖에서 도움을 받아야 할 존재라고 생각하여 자신에게 갖추어진 무한의 힘을 가리고 덮어 허약한 자기를 인정하고 있다.

우리가 살고 있다는 자체가 진리 공덕의 표현이다. 진리 공덕, 다시 말하면 부처님 공덕이다. 그러므로 우리는 자비와 위신력을 지닌 위대한 자이다.

● 광덕, 반야의 종소리, 자기 한정을 타파하자

업業의 발현

왜 현대인들은 아인슈타인이 말하는 직관의 능력, 통찰력에 한계를 느끼는 것일까요? 왜 인간은 합리성을 추구하면서도 다른 사람들과 마찰을 일으키고, 사회를 통찰하는 능력이 부족한 것일까요?

두뇌 발달의 모든 단계는 두뇌 발달이 실제로 일어나기 이전의 요인들에 의해 영향을 받는다.

● 톰 하트만, 산만한 아이들이 세상을 바꾼다

전생의 DNA는 두뇌 발달이 실제로 일어나기 전부터 존재한다는 사실에 주목할 필요가 있습니다.

톰 하트만의 말에서 전생의 업이 두뇌 발달에 영향을 준다는 사실을 본다면 우리는 이 업을 어떻게 일깨울 것인가 그 방법을 모색해 낼 수 있습니다.

이에 대해 스님은 말씀합니다.

비록 지금 업식이 망망하여 업장에 갇혀 있다고 느껴지더라도 그것은 미혹하여 그렇게 느낄 뿐 실로는 불성 광명이 찬란한 것은 바뀌지 않았습니다. 현실로 느끼는 온갖 사항에 마음 팔지 않고 일심으로 마음의 근원을 추구하는 등 공부를 지어 가면 아침 해가 솟아오르듯 우리 마음의 태양도 밝게 드러나는 것을 보게 될 것입니다.
● 광덕, 삶의 빛을 찾아, 업장과 성불

"마음의 근원을 캐다 보면 아침 해가 솟아오르듯 진면목이 밝게 드러난다."

스님의 이 말씀이 절절하게 가슴속을 파고드는 것은 왜일까요? 마음의 근원을 찾는 일, 잃어버린 자신을 찾는 일같이 중요한 것이 없기 때문이 아닐까요?

두뇌 발달의 각 단계에서 두뇌는 환경이 적대적인지 호의적인지를 판단해야 한다. 그 같은 판단은 아기가 어머니를 통해 체험하게 되는 보살핌과 양육의 질에 따라 크게 좌우된다. ● 톰 하트만, 앞의 책

아이가 양육환경에 따라 두뇌의 구조가 달라진다는 이 메시지는 부모가 아이에게 어떤 환경을 제공하느냐에 따라 성공할 수도 있고 실패할 수도 있음을 시사합니다.

사회적인 환경도 마찬가지입니다. 만약 전쟁이 발발한 곳에서 아이가 자랐다면 거기서 얻은 체험이 아이의 인생관에 결정적인 영향을 미치게 되는 거지요.

DNA의 상실

오늘날 많은 아이들이 전생의 DNA를 상실할 위험에 노출되어 있습니다. 폭력물의 난무, 왜곡된 성문화, 비이성적인 인간성의 상실, 과도한 소비문화, 자살증가, 인간소외 등 수많은 사회적인 문제 때문이지요.

최근의 신경생물학 연구의 결과에 따르면 사람들은 유전적으로 타고난 두뇌와 정신, 감성지능을 제대로 발현하지 못하고 있다는 것입니다. 실례로 수학 연산 문제를 푸는 데 있어 컴퓨터를 이용하면 수학적 사고능력이 전혀 발휘되지 못하지요. 문명의 이기가 전생의 DNA를 망각하게 만드는 셈입니다. 다음과 같은 것들이 전생의 DNA를 발현하지 못하게 하는 원인들이라 할 수 있습니다.

- 생활의 기계화
- 사랑이 부족한 병원에서의 출산
- 모유를 먹이지 않음
- 위탁 기관에 맡김

- 부모의 직장 출근
- 가족 간의 격리된 생활
- 가정 파탄
- 가정 폭력
- 난무하는 폭력물
- 소아정신질환과 스트레스

DNA를 지배하는 문화

문화는 DNA를 지배합니다. 게으름의 문화를 접한 사람은 게으름에 안주하고 빠른 문화에 접한 사람은 속도감 있는 문화를 좋아합니다.

폭력성이 난무하는 환경 속에서 자란 아이는 자라서도 폭력성이 강한 사회를 지향하려 합니다. 돈과 명예를 최고의 이상으로 삼는 환경 속에서 자란 아이는 돈과 명예를 최고로 지향해 갑니다. 어머니가 그런 환경 속에서 자랐다면 그 어머니에게서 태어난 아이도 그런 환경을 지향해 갑니다.

이것이 DNA의 발현을 억압히는 업(業)인 것이지요.

부처님 나라의 꽃

인간의 DNA는 환경의 영향 아래 놓여 있습니다. 전쟁이나 질병, 기아와 같은 스트레스는 인간의 DNA를 고달프게 하고 고달픈 문화를 낳을 DNA를 보유합니다.

스트레스는 정신적인 긴장을 유발하고 본래의 기능을 저해합니다. 전쟁으로 충격을 입은 사람이 현실을 가상적으로 보는 경우가 그 예입니다. 기아로 고통을 받았던 사람은 먹을 것을 잔뜩 쌓아 놓아도 굶주림의 공포로 고통을 받습니다. 이처럼 환경은 인간 두뇌를 재편하고 DNA 발현에 직·간접적으로 영향을 줍니다.

따라서 아이를 힘으로 억압하는 환경은 절대 금물입니다. 아이의 DNA는 부모의 권력에 순응할 만한 구조를 갖고 있지 않지요. 부모의 권력(힘)에 대한 아이의 반항이 이를 뒷받침해 줍니다.

> 아이들은 어른들이 자기의 자유를 빼앗으려 할 때 반항한다. 아이를 바꾸어 놓으려고 하거나 어른들이 원하는 이미지로 만들려고 할 때 반항한다. 어른들이 괴롭힐 때, 어른들이 옳거나 그르다고 생각하는 기준에 따라 행동하도록 강요할 때 반항한다.
>
> ● 토머스 고든, 부모 역할 훈련

미국의 청교도들은 자녀들이 두 살 전에 고집을 꺾게 하고 부모의 막강한 권력 아래 두려고 했습니다. 이런 생각이 청교도 정신을 몰락하게 한 원인이 되기도 한 것이지요. 지금도 미국인들의 DNA 속에는 이런 형질이 있다고 보입니다. 국가 간에 벌어지는 일들을 미국의 입맛대로 상대의 나라를 이끌고 가려고 하는 것이 그것입니다.

아이들은 인격체로 존중받아야 합니다. 아이들이 갖고 있는 전생의 DNA를 꽃 피우게 하기 위해서는 아이를 붓다와 다름없는 생명으로 보아야 합니다. 아이들의 행동을 통제하거나 고통을 주는 일은 비인간적인 일입니다. DNA를 파괴하는 일입니다.
 스님은 이렇게 말씀합니다.

『화엄경』 보현행원품에 보면 이러한 비유가 나옵니다.
 "모래밭 가운데 큰 나무가 있는데, 나무는 부처님이시고 뿌리는 중생이고 가지나 잎이나 열매나 꽃은 보살이다."
 수행을 성취해서 성불하면 과실이 결실되는 것이기 때문에, 이런 의미에서 우리 불자들은 모두가 나무뿌리이면서 나무이고 꽃이고 나뭇가지이고 과실인 것입니다. 뜻을 세워 보살의 길을 닦는 수행자는 부처님이 키우시는 부처님 나무의 꽃입니다. 우리 한 사람 한 사람은 부처님의 위신력과 공덕과 부처님의 생명을 이어받은 부처님 나라의 꽃이라고 생각해야겠습니다.

● 광덕, 만법과 짝하지 않는 자, 반야바라밀은 나의 참생명 부처님 무량공덕생명

흥미와 열정을 갖게 하라

"아이가 타고난 천재라고 생각해 본 적이 없습니다."

15세의 어린 나이에 개교 이래 최연소로 S대에 입학한 이주홍. 수학의 노벨상인 필즈상Fields Medal을 수상한 세계적인 수학자 태렌스 타오Terence Tao와 세계 수학올림피아드 최연소 금상 수상 타이기록을 보유했습니다. TV 퀴즈 프로그램인 도전 골든벨에 출전하여 최연소 골든벨을 울리기도 했지요. 세상 사람들은 주홍이를 천재라고 부르지만 어머니는 절대 천재가 아니라고 말합니다.

난 확신을 갖고 하는 얘기인데 다들 안 받아들이려고 해요. 천재는 별 노력 없이도 다 깨닫는 사람들이잖아요. 우리 아이는 그런 아이가 아니에요. 난 친정 오빠가 셋이어서 결혼하기 전에 조카 다섯 명이 크는 걸 지켜봤어요. 아이들은 다 비슷비슷해요. 단지 누구나 관심분야가 있더라고요. 그걸 집어내서 깊이 있게 캐나갈 수 있게 해 주면 능력이 개발되는 거고요. 한꺼번에 안겨 주려고 하면 아이들은 관심분야를 깊이 있게 캐나가지를 못해요.

● 중앙일보, 아들을 수학천재로 키운 어머니 허종숙씨, 2011. 01. 15

"단지 누구나 가지고 있는 관심분야를 깊이 있게 캐나갈 수 있도록 해야 능력이 개발되지요."

아이가 천재가 아니라고 하는 주홍이 어머니. 이 말 속에는 천재성은 누구에게나 있다는 말로 해석할 수 있습니다.

그럼 이 말이 사실일까요? 오랫동안 초등학교 교단에서 아이를 가르쳐 온 선생님은 이렇게 말합니다.

모든 아이는 천재성이 있습니다. 그럼에도 그 사실을 모르는 부모가 있습니다. 인간은 영원히 별나라는 갈 수 없다고 말하는 부모가 그들입니다. 그런 부모 밑에서 자라는 아이는 영원히 별나라에 갈 수 없습니다.

● 민병직, 머리를 물들여본 아이가 성공한다, 아이만이 별나라에 갈 수 있다.

혹자는 이 말을 부정할지 모릅니다. 우리 아이는 전혀 그렇지 않은데 하고 반문할지 모릅니다. 아인슈타인과 에디슨을 가르쳐 온 선생님도 아인슈타인과 에디슨은 교육이 불가능하다고 보았습니다. 그러나 그렇지 않은 사람이 있었습니다. 그들의 어머니였습니다. 그들의 어머니는 아이에게 천부적 DNA가 있을 것이라고 믿었습니다. 천부적 능력, 다시 말해 전생의 DNA를 개발시키면 능력이 개발될 것이라고 믿었습니다. 그 믿음이 원자 물리학자를 만들어 냈고 발명왕을 만들어 냈습니다.

모든 아이들의 DNA 속에는 천재성이 숨어 있습니다. 그럼에도 이 천재성이 제대로 발현되지 못하는 것은 어른들의 꽉 막힌 사고 때문입니다. 과학적인 사고와 논리적인 사고로 아이를 꽁꽁 묶어 놓기 때문이지요. 부모의 꽉 막힌 사고 속에서 자라는 아이는 절대 천재로 성장하지 못합니다. 아이가 부모의 사고, 생각의 한계를 뛰어넘지 못하기 때문이지요.

훌륭한 스승 아래서 뛰어난 제자가 탄생하고 훌륭한 부모 아래서 훌륭한 자녀가 탄생하는 법입니다. 매일 싸움이 일어나고 풍파가 있는 집안에서 자란 아이는 싸움과 풍파만 배울 뿐입니다. 가정이 안온하고 평화로운 집안에서 자라야 훌륭한 가치관을 갖게 되고 사회에서 요구하는 인물이 될 수 있습니다.

어린이의 아버지, 방정환은 이렇게 노래합니다.

어린이는 모두 시인입니다.
본 것, 느낀 것을 그대로 노래하는 시인입니다.
고운 마음을 가지고 아름답게 보고 느낀 것이 아름다운 말로 흘러나올 때, 나오는 것 모두가 시가 되고 노래가 됩니다.
무지개를 보고 '하느님의 땀이 오르내리는 다리'라고 하는 것처럼.

그렇습니다. 아이들의 생각은 모두가 시입니다. 철학이고 동화이고 과학이며 예술입니다. 그러기에 모든 아이들은 천재입니다.

어른은 결코 별나라에 오갈 수 없지만 아이들은 얼마든지 우주를 여행할 수 있습니다.

주홍이의 어머니는 이렇게 말합니다.

> 초등학교 4학년 때까지 학습지나 학원공부 같은 것을 전혀 시키지 않았어요. 글씨쓰기 연습도 안 시켰어요. 영어는 3학년 때쯤 학교 교육과정에 있으니까 배우게 된 것이고요. 저는 조기교육을 반대하는 사람입니다. 뭐든지 배우기 좋은 때가 있기 때문이죠. 영어는 10살 쯤 되면 쉽게 배울 수 있는데 다섯 살 때부터 시키느라 아이를 힘들게 하죠. 주홍이는 학습지를 푸는 대신 팽이 돌리기, 종이접기, 미로 찾기와 마방진 놀이를 즐겨하며 자랐어요. 아이들은 뭐든지 좀 부족해야 된다고 봅니다. 부모들이 다 안겨 주면서 '해 봐' 하니까 흥미를 잃죠.
> ● 중앙일보, 앞의 기사, 2011. 01. 15

어머니는 주홍이가 두각을 나타내는 것을 두고 이렇게 말했습니다.

> 공부에 대한 열정과 호기심이었죠. 주홍이가 팽이를 돌리려고 얼마나 끈질기게 노력했는지요. 그런 마음가짐을 기르는 게 먼저이지요.
> ● 중앙일보, 앞의 기사, 2011.01.15

열정과 호기심, 주홍이를 우뚝 서게 만든 것은 바로 이것이었다니……. 그럼 열정과 호기심은 주홍이에게만 있는 것일까요?

다른 곳에서 언급을 하였지만 전조작기에 있는 아이(한 아이도 예외가 없음)는 세상 모든 것에 호기심이 가득합니다. 피아제는 이때 호기심을 해결해 주고 자극해 주어야 한다고 했습니다. 그렇지 못할 경우 아이는 지적인 성숙을 꾀하지 못하고 무능력해진다고 했지요.

초등학교 교실, 언제나 시끌벅적합니다. 친구들과 떠들면서 학습문제를 해결하고 엉뚱한 상상력을 동원해 웃음을 자아내고 앞뒤가 맞지 않는 행동을 벌이기도 하고……. 아이들의 천재성이 유감없이 발휘되는 현장입니다. 천부적 재능인 DNA가 브레인스토밍brainstorming되는 현상입니다.

아이의 능력 발현은 전생의 업을 이 세상에서 드러내고 있는 것뿐입니다. 그러기에 남과 비교하는 것 자체가 어리석은 일입니다. 주홍이도 현 시점 이전의 생, 다시 말해 전생의 DNA를 드러내고 있는 것뿐이니까요. 중요한 것은 주홍이처럼 가지고 있는 전생의 천재적 DNA를 어떻게 일깨우느냐 하는 것입니다. 주홍이는 팽이돌리기로 일깨우고 종이접기로 일깨웠지만, 내 아이는 어떤 것으로 일깨워야 할까요?

이제 아이교육의 방향이 명확해졌습니다. 아이를 어떻게 키울 것인가라는 명제가 전생과 내생이라는 개념으로 파악될 수 있기 때문입니다. 아이에게 다양한 환경을 주고, 다양한 자극을 가하고, 다양한 경험을 하도록 이끌고, 그래서 열정과 호기심을 갖도록 하게 하고……. 이것이 전생의 DNA를 현생에 발현시키는 힘이며 미래로 이끄는 힘입니다. 주홍이처럼.

Part 5
행복 전령사

인생의 행복의 조건 가운데 하나는 자신이 하고 싶은 일을 하면서 사는 일입니다. 아이를 행복하게 만들기 위해서는 아이의 적성과 능력을 파악해야 합니다. 하기 싫은 것을 억지로 시키면 행복하지 못합니다. 아이가 원하는 것이 무엇인지 지켜보고 강점지능을 살려주도록 환경을 조성해 주어야 합니다. 우리가 아이를 교육하는 것은 재능이 모자라는 아이를 천재로 키울 수 있다는 희망 때문입니다.

성공으로 이끈다

"자녀를 출세시키고 싶으세요, 성공시키고 싶으세요?"

나는 종종 학부모들에게 이런 질문을 던지고는 이렇게 말을 잇습니다.

"교육은 출세를 시키기 위해서라기보다는 성공시키기 위해서 하는 것이지요. 출세는 성공하면 부가적으로 따라 오는 것이지요. 우리나라 역대 대통령 모두는 대통령을 지냈으니까 출세는 하였지만 얼마나 성공한 대통령이 되었는지는 미지수입니다. 반면 슈바이처나 이순신, 세종대왕은 출세도 했고 성공도 했지요. 사람들은 성공이라고 하면 출세와 동일시하는 경향이 있는데 이는 잘못입니다. 출세는 성공의 매우 작은 부분이거든요. 열심히 공부해서 명문대학에 가고 훌륭한 직장을 얻었다면 출세는 했다고 할 수 있겠지만 성공 여부는 따져 봐야 하지 않을까요?"

출세와 성공의 차이

출세와 성공은 다릅니다. 대통령이 되었다면 출세는 한 것입니다. 그러나 역대 대통령 중에 성공한 대통령이 있느냐 물으면 선뜻 대답하기 어렵습니다.

중국 청나라의 3대 황제를 지낸 순치황제는 출세와 성공을 동시에 한 분입니다. 황제의 자리에 올랐으니 출세했고 만인이 존경하니 성공했습니다. 순치황제의 「출가시」 일부를 옮겨 봅니다.

黃金白璧非爲貴	황금과 백옥만이 귀한 줄을 아지 마소.
朕乃大地山河主	이내몸 중원 천하 임금 노릇 하건마는
不及僧家半日閒	풍진 떠난 명산대찰 한나절에 미칠손가.
悔恨當初一念差	당초에 부질없는 한 순간의 잘못으로
黃袍換却紫袈裟	가사장삼 벗어 지고 곤룡포를 감게 됐네.
身上顯被白衲衣	몸 위에 입은 것은 누더기 한 벌 원이로다
十八年來不自由	18년 지내온 일, 자유라곤 없었노라.
山河大戰幾時休	강산을 뺏으려고 몇 번이나 싸웠더냐
我今撒手歸山去	내 이제 손을 떼고 산 속으로 돌아가니
那管千愁與萬愁	만 가지 근심 걱정, 내 아랑곳할 것 없네.

순치황제는 황제의 자리를 버리고 출가수행자가 되었습니다. 이 '위대한 버림'이 순치황제를 성공의 반열에 올려놓은 것입니다. 만약 황제의 자리를 버리지 못했다면 출세는 했지만 성공한 황제가 되지는 못했을 것입니다. 18년이란 세월 동안 황제의 자리에 있으면서 영토 확장을 위해 무고한 생명을 수없이 희생시켰을 테니까요.

우리 사회는 너무나 출세 지향적입니다. 부모가 출세 지향적이니 아이도 편승할 수밖에 없지요.

부모는 출세보다는 성공 쪽에 무게를 두고 아이를 키워야 합니다. 성공은 출세를 가져오게 하며 인생을 행복하게 만드는 목표점이 되기 때문이지요.

스님은 성공에 대해 이렇게 노래합니다.

생명은 밝은 데서 성장한다. 인간은 밝은 사상에서 발전이 있다. 우리의 본 면목이 원래로 밝은 생명이기에. 어둠을 찢고 솟아오르는 찬란한 아침 해를 보라. 거침없는 시원스러움이, 넘쳐나는 활기가, 모두를 밝히고 키우고 따뜻이 감싸주는 너그러움이 거기에 있다. 빛을 향하는 곳에 행운이 있다. 성공이 온다.

● 광덕, 불광법회요전, 법등일송

"생명은 밝은 데서 성장한다. 그래야 성공한다."

스님의 이 법문을 들으면서 성공이 뭔지를 생각합니다. 행복이 뭔지를 생각합니다. 성공하기 위해서 어떤 노력을 해야 하는가를 생각합니다.

우리는 지금껏 남의 땅을 부러워했습니다. 그러나 남의 땅은 내 땅이 아님을 자각해야 합니다. 비록 내 땅이 척박하더라도 내 땅을 일궈야 하는 것이 나의 업입니다.

척박한 땅 일구기

세상의 모든 것은 변화합니다. 영원할 것만 같이 느껴지는 우리의 육신도 시간이 가면서 허물어져 갑니다. 붓다는 이를 일러 제행무상諸行無常이라고 했습니다.

교육은 여기에서부터 시작해야 합니다. 교육은 변화를 꾀하게 하는 행동기술이니까요. 교육은 전생의 DNA를 일깨우고 보다 인간적인 모습으로 바뀌게 하는 요술봉이니까요.

바뀜. 이것입니다. 아이를 교육시키는 이유가 이것입니다. 재능이 모자라는 아이를 천재로 키울 수 있는 희망이 있기에 교육하는 것입니다. 농부들이 척박한 땅을 일구는 것은 비옥한 땅으로 만들 수 있다는 신념 때문입니다.

덴마크 부흥의 아버지라 불리는 그룬트비 Nikolai Grundtvig. 지금은 누구나 덴마크를 깨끗하고 아름다우면서 부유한 나라로 떠올리지만 그룬트비가 살던 19세기에는 황폐하기 그지없었습니다. 당시 독일과의 전쟁에서 유럽 대륙 북부의 곡창지대인 슬레스빅 홀슈타인 지역을 넘겨준 상태였습니다. 남겨진 땅, 스칸디나비아 땅은 북해와 발트 해의 바닷바람에 시달리며 돌과 모래, 잡초만이 무성한 황무지였습니다. 이런 상황 하에서 그는 국민의식을 일깨우기 위해 '3애 운동'을 전개했습니다. 그 중의 하나가 "땅을 사랑하자"는 운동이었지요. 이 운동이 그의 조국을 구하는 원동력이 된 것입니다.

이뿐만이 아닙니다. 그룬트비는 교육의 혁신도 일궈냈습니다.

> 어린이 교육은 생동감 넘치고 자유로워야 한다. 판에 박힌 듯한

교육은 지양되어야 한다. 다양한 주제 사이에 학생과 교사 사이, 교사와 학부모 사이에 살아 숨 쉬는 상호작용이 있어야 한다.

● 폴담, 덴마크의 아버지 그룬트비

판에 박힌 교육이 아닌 변화를 꾀하는 교육이어야 한다고 주장한 그룬트비. 덴마크 교육의 변혁이 여기에서부터 시작된 것입니다. 교육은 국가 마음대로, 부모 마음대로 시켜서는 안 됩니다. 아이가 가진 환경과 아이의 독특한 DNA가 고려된 교육이어야 성공할 수 있습니다.

적성, 성공의 세계로 이끄는 구름다리

직업 선택에 있어 적성은 매우 중요합니다. 지인 중에 어떤 사람은 의과대학을 나와 의사의 길을 포기하고 짜장면집 주인이 되었고, 어떤 사람은 명문대학을 나와 공기업의 고위 직책을 수행하다 그것을 버리고 중생구제의 원력으로 출가하여 수행자가 되었습니다.

적성은 인생을 행복하게 하고 성공으로 이끄는 수레입니다. 부모는 내 아이가 다중지능 중에서 어느 영역에 강점이 있는지 잘 파악하여 그 강점지능을 살리도록 조력해야 합니다.

나의 친척 중에 한 아이는 발명에 관심이 많습니다. 고등학교 시절, 학교 발명반에 들어 특허를 다량 취득하였고 각종 대회에 나가 상을 휩쓸었습니다.

어느 날 아이의 아버지한테서 전화가 걸려왔습니다. 아이가 발명에만 열중이고 공부는 전혀 하지 않는다는 것입니다. 이래가지고 대학을 갈 수 있겠느냐고 했습니다. 발명을 포기하고 공부를 시켜야겠는데 듣지를 않는다는 것입니다. 나는 '지켜봄'을 강조했습니다. 인내를 갖고 지켜보라고 일렀습니다. '지켜봄'은 좋은 결과를 성취했습니다. 아이는 국내 유수한 대학인 E대학 공대에 특기생으로 당당히 합격을 하였습니다.

희망 메시지

다중지능이론에 의하면 모두가 어느 쪽인가는 천부적 능력을 갖고 있습니다. 미국의 하버드 대학의 하워드 가드너Howard Gardner 교수가 주장한 다중지능이론은 인류에게 구원의 메시지와 같습니다. 이 이론은 모두가 자신감을 회복할 수 있게 해주었고, 자부심을 갖게 했지요. 자신의 적성과 진로를 결정할 수 있게 했으며 천재로 태어날 수 있게 만들었습니다.

다중지능은 전생의 DNA와 무관하지 않습니다. 자기가 쌓아온 전생의 업에 따른 결과거든요. 그러나 이 DNA는 무조건 발현되는 것이 아닙니다. IQ가 그렇듯 이 DNA 역시 자극이 필요합니다. 음악적 DNA를 타고난 아이에게는 음악적으로 발전할 수 있는 환경과 자극이 필요하다는 것이지요.

다중지능인 전생의 DNA는 어떻게 분류될 수 있을까요? 가드너 교수는 최소한 9가지가 있다고 보았습니다.

* 언어적 지능

단어를 효과적으로 사용하는 능력이나 언어의 실용적인 영역을 조작하는 능력과 관련됩니다. 연설가, 이야기꾼, 정치가 등과 같이 구어를 사용하거나 시인, 극작가, 편집자, 기자처럼 글로 표현하는 능력이 해당됩니다.

논리-수학적 지능

수학자, 회계사, 통계 전문가와 같이 숫자를 효과적으로 사용하는 능력과 과학자, 컴퓨터 프로그래머, 논리학자와 같이 추론을 잘하는 능력과 관련이 있는 지능입니다. 논리적 유형과 논리적 관계, 진술문과 명제, 함수와 기타 이와 관련된 추상적 추리, 범주화, 일반화, 계산, 가설 검증 등은 논리-수학적 지능이 작용하는 예들입니다.

공간지능

시·공간적 세계를 정확하게 인지하는 능력과 건축가, 미술가, 발명가 등과 같이 3차원의 세계를 잘 변형시키는 능력과 관련되는 것으로 색깔, 선, 모양, 형태, 공간, 그리고 이런 요소들 사이의 관계에 대한 지각이 포함됩니다. 두뇌의 우측반구가 공간적 지능에 관련되어 있으며, 공간적 지능은 시각 능력과 관계가 깊습니다.

신체-운동적 지능

배우, 무용가와 같이 신체를 사용하여 생각이나 감정을 표현하는 능력과 공예가, 조각가, 기계공, 외과의사와 같이 손을 사용하여 사물을 만들어 내고 변형시키는 능력과 관련됩니다.

음악적 지능

음악 비평가와 같은 변별력, 작곡가와 같은 창작 능력, 음악 애호가와 같은 지각력, 연주자와 같은 표현 능력과 관련이 있습니다. 이 지능은 리듬, 음조, 멜로디, 음색을 모두 포함합니다. 또한 음악에 대한 분석적이고 기능적인 능력은 물론 전반적인 직관적 이해 모두를 포함합니다.

대인관계지능

타인의 기분, 의도, 동기, 감정, 느낌을 분별하고 지각하는 능력과 관계가 있습니다. 이 지능은 얼굴 표정, 목소리, 몸짓 등에 대한 감각과 상대방의 기분, 감정, 의도를 읽을 수 있는 능력을 포함합니다. 또한 그런 단서들에 효과적으로 대인관계의 암시를 구별해 내는 능력은 물론 그런 암시에 효과적으로 잘 반응하는 능력이 포함됩니다.

자기이해지능

대인관계지능과 유사한 특성을 지녔으며, 자기 자신을 이해하고 느낄 수 있는 인지능력을 말합니다. 이 지능은 자신에 대한 정확한 모습, 즉 장점과 제한점을 알아내고 내적 기분, 의도, 동기, 기질, 욕구를 인식하고 자아 훈련, 자아 이해, 자존감을 유지하려는 의지와 능력에 관계됩니다.

자연친화지능

자연 현상에 대한 유형을 규정하고 분류하는 능력을 말합니다. 동물, 식물, 구름, 바위, 그밖의 자연 현상에 대하여 생각할 수 있는 능력과 관계됩니다.

● 실존지능

인간의 존재 이유, 생과 사의 문제, 희로애락, 인간의 본성, 가치 등 철학적인, 어떤 의미에서는 상당히 종교적인 사고를 할 수 있는 능력입니다.

이 같은 다중지능은 다음과 같은 특성을 가지고 있습니다.
첫째, 다중지능은 서로 독립적이라는 것입니다. 언어지능이 뛰어나다고 해서 논리수학지능이 뛰어나거나 음악지능이 뛰어난 것이 아닙니다.
둘째, 지능끼리는 우열이 없고 서로 대등하다는 것입니다. 사람은 모든 영역에 두각을 나타낼 수는 없습니다. 음악지능에 뛰어난 사람이 있는가 하면 신체지능에 뛰어난 사람이 있고 실존지능에 뛰어난 사람이 있습니다.
셋째, 한 지능이 우수하다고 해서 그 영역의 모든 분야에 능한 것이 아니란 것입니다. 신체지능이 뛰어나다고 해서 모든 운동을 잘하는 것이 아니지요. 피겨 여왕이 스케이팅에는 천재적인 재능을 갖고 있으나 공운동이나 마라톤, 사격 등 모든 분야에 능한 것이 아니라는 이야기입니다.

전생의 DNA는 이렇게 다양한 모습을 드러냅니다. 이 다양성이 아이를 천재로 만드는 원천이지요. 이 원천은 천부적일 수도 있고 후천적일 수도 있습니다. 그러나 천부적이라고 개발하지 않고 내버려둔다면 DNA는 사장되어 버립니다. 사람은 태어나서

죽을 때까지 10%밖에 능력을 사용하지 못한다고 하는데 10% 역시 개발하지 않으면 무용지물이 될 수 있습니다.

능력을 개발하려면 기술이 필요합니다. 달리기 연습을 하면 스피드가 빨라지는데 이것이 DNA 중 신체-운동적 지능을 개발하는 기술입니다.

스님은 말씀합니다.

우리의 진실 생명은 불성, 반야바라밀다 생명이다. 즉 일체성취 무량공덕이 완전히 갖추어진 부처님의 생명이 우리 생명에 이어져 완전한 자유·행복이 그대로 이어져 있다. 그러므로 우리 자신의 운명이나 생활조건을 지배하는 힘은 결코 밖에 있지 않다. 거기에 따라 스스로의 생각과 감정에 따라 자신의 운명이 바뀐다. 우리는 생각이나 감정을 도구로 삼아 자기의 운명을 스스로 만들어 가고 있다는 사실을 알아야 한다. ● 광덕, 반야의 종소리, 운명을 지배하는 힘

생명은 이미 일체성취 무량공덕이 완전히 갖추어진 부처님 생명과 같다는 스님의 목소리는 다중지능의 완성을 일컫습니다. 사람은 누구에게나 고유한 특성이 있지요. 이 특성은 자신의 '생각과 감정'에 따라 운명이 바뀝니다.

다중지능은 이래서 중요하다

인생의 행복의 조건 가운데 하나는 자신이 하고 싶은 일을 하면서 사는 일입니다. 아이를 행복하게 만들기 위해서는 아이의

적성과 능력을 파악해야 합니다. 하기 싫은 것을 억지로 하게 하는 것은 생명에 적잖은 상처를 주는 것이 될 수 있지요. 아이가 원하는 것이 무엇인지 지켜보고 강점지능을 살리도록 환경을 조성해 주어야 합니다.

아이가 가진 강점 DNA을 발견하기 위해서는 부모의 세심한 관찰이 필요합니다. 강점 DNA는 유전적으로 타고난 경우도 있지만 후천적으로 변화되고 발전되며 새로이 시작될 수도 있으니까요.

축구선수인 박지성이 축구를 배울 환경에 놓여 있지 않았다면 축구에 대한 기능이 영원히 상실되었을지 모릅니다. 부모가 축구의 가능성을 간파하고 그 환경을 제공하였고, 인내를 갖고 지켜보았기에 가능했습니다.

부모는 아이의 관심과 질문에 진지하게 귀를 기울이고 아이가 관심을 갖고 있는 영역이 무엇인지 늘 주의를 기울여야 합니다. 성공한 사람들의 예외 없는 특징은 일찍부터 적성을 개발하였고 그것에 전심전력을 다했다는 점입니다. 사람마다 강점 DNA가 다르고 각 DNA 간의 조합이 다릅니다. 이를 빨리 찾아내는 것이 아이를 성공으로 이끄는 지름길입니다.

셰익스피어는 어릴 적부터 언어지능엔 천부적 재능을 타고났을지언정 수학적 지능이나 음악지능에는 능하지 못했습니다. 베토벤은 음악지능은 타고 났으나 언어지능에는 능하지 못했습니다. 아인슈타인은 논리수학지능을 타고났지만 신체운동지능은 타고나지 못했습니다. 축구선수인 박지성은 신체운동지능을 타고 났지만 미켈란젤로처럼 공간지능은 타고나지 못했습니다. 중요한 것은 이들의 부모들이 한결같이 재능을 지켜보았으며 재능을 무시한 채 부모의 입맛에 맞도록 재단하거나 끌고 가지 않았다는 사실입니다.

부모는 아이들의 재능이 무한함을 간파할 것입니다. 아이들은 실로 여래장如來藏이고 여래신如來身입니다.

스님의 말씀을 경청합니다.

원래로 중생은 중생이 아니다. 그는 부처님과 더불어 동일 법성이다. 중생이라는 차별의 눈으로 그를 보고 그를 대하고 그를 평가하는 것이 중생일 뿐이다. 부처님께서는 이렇게 말씀하셨다. "내가 불안佛眼으로 일체 중생을 보건대 탐욕과 성냄과 어리석음 등 여러 번뇌 가운데 여래지如來智, 여래안如來眼, 여래신如來身이 있어서 엄연부동하다. 일체 중생은 비록 여러 번뇌가 있어도 여래장如來藏이 있어 항상 때 묻거나 물들임이 없고 덕상德相이 원만하게 갖추어 있어 나와 다를 바가 없느니라(대방광여래장경)."

● 광덕, 보현행원품 강의, 예경분

부모는 아이를 부모의 입맛에 맞도록 재단해서는 안 됩니다. 아이가 가진 강점 DNA를 엉뚱한 방향으로 이끌려는 생각을 버려야 합니다. 재능을 조기에 발견하고 강점 DNA를 살릴 수 있도록 배려하는 일이 중요합니다.

또 한 가지 중요한 사실이 있지요. 전생의 DNA를 일깨워 주는 일도 중요하지만 그 DNA를 가지고 세상을 어떻게 살아가고 미래를 어떻게 설계하게 하느냐 하는 것입니다. 아이의 미래에 대한 결정은 부모 몫이 아닙니다. 아이가 하는 것입니다. 부모는 단지 아이가 현명한 선택을 할 수 있도록 관찰하고 조력해 줄 뿐입니다.

출세를 하여 대통령이 되고 장관이 된다 한들 성공하지 못한 대통령, 장관이 된다면 출세는 의미를 갖지 못합니다. 우리는 역대의 대통령과 장관들, 내로라하는 재력가나 정치가들이 어떤 모습으로 추락했는지를 보아 왔습니다.

아이 교육에 있어 출세에 목표점을 두어서는 안 될 일입니다. 공부는 출세를 시키기 위해서가 아니라 성공시키기 위해서 해야 합니다. 소위 출세했다고 하는 추락한 정치가나 재력가보다는 시골에서 자연과 벗 삼아 책을 읽고 자신의 내면을 응시하며 사는 농부의 삶이 훨씬 아름다운 삶일 수 있습니다.

스님은 말씀합니다.

> 이 세상에서 어떤 사람이 가장 행복할까? 부자일까, 세도가일까, 건강한 사람일까? 아니다. 자기 뜻대로 아름다운 일들을 이룰 수 있는 사람이다. 명랑한 사람, 다른 사람을 칭찬하고 축복하는 사람, 그리고 마음이 평화롭고 조화를 이룬 사람, 건강·행복·풍요 등 좋은 생각만을 항상 가지고 노력하는 사람이 행복한 사람이다.
> ● 광덕, 행복의 법칙, 누가 가장 행복할까

행복
찾아 주기

나에겐 잊히지 않는 사실이 하나 있습니다. 중학교 2학년 때의 일입니다. 장래의 희망을 발표하는 시간이었습니다. 아이들은 제각기 정치가, 의사, 판사, 사업가가 되고 싶다고 했습니다. 그런데 한 친구만이 "마술사"가 되고 싶다고 했습니다. 그러자 선생님은 그 친구에게 다가가 "선생님을 놀리는 거야?" 하면서 뺨을 때렸습니다. 하지만 그 친구는 선생님이 다시 물었을 때도 "마술사가 되는 것이 제 꿈입니다"라고 했습니다. 선생님은 어이없는 표정을 지었습니다.

그 친구는 그날 내내 말없이 자기 자리만 지켰습니다. 지금은 어디에 살고 있고 과연 마술사의 꿈을 이루었는지 알 수는 없습니다. 단지, 안타까웠던 것은 선생님이 아이의 꿈을 이해하지 못하고 한마디로 삭둑 잘라버렸다는 사실입니다. 그 친구는 평상시에 마술놀이를 해서 친구들을 즐겁게 해주곤 했었습니다.

사람은 자기의 적성을 살리지 못하면 행복해질 수 없습니다.

행복은 절대긍정 속에서 이루어집니다.

강점지능의 발견

우리가 사는 것은 행복하기 위해서입니다. 공부하는 것도 행복하기 위해서이고 직업을 갖는 것도 행복하기 위해서입니다. 그런데 사람들은 별로 행복해 하지 않습니다.

EBS에서 제작한 다큐프라임 「아이의 사생활」에 의하면 2700여 명에게 설문조사한 결과 51%는 자신의 직업이 적성에 맞지 않는다고 답했으며, 54%는 현재의 직업을 바꿀 의향이 있다고 답변했습니다. 이런 통계라면 전 직장인의 과반수가 자신의 하는 일에 만족을 느끼지 못한다고 볼 수 있습니다. 참으로 안타깝고 불행한 일입니다.

인간은 행복을 갈망하는 존재입니다. 붓다께서 이 세상에 나툰 것도 중생들에게 행복을 안겨주기 위해서입니다.

자기 적성에 맞지 않는 직업은 인생을 살찌우지 못합니다. 어떤 사람은 대학에서 법학을 전공하고 가수가 되기도 하고 어떤 사람은 의학을 공부하고 짜장면집의 주인이 되기도 합니다. 반면 어떤 사람은 어릴 적부터의 끼를 살려 최고의 가수가 되기도 합니다.

실험 결과에 의하면 놀랍게도 자신들이 꿈꾸는 직업이 자신의 강점지능과 일치합니다. 강점지능을 살리는 일이 이렇게 중요합니다. 강점지능이 행복을 여는 열쇠라고 말하는 것도 그 때문입니다. 강점지능을 발견하고 강점지능을 살려내는 작업이 커서는 자신의 몫이지만 어린 아이에게는 부모나 선생님의 몫이기도 합니다.

우리는 오랫동안 IQ가 높으면 공부를 잘하는 사람, 매우 영특한 사람으로 평가했고 IQ가 낮은 사람은 덜 똑똑하고 공부가 뒤떨어지는 사람으로 인식했습니다. 그러나 이런 사고는 이제 수정되어야 합니다.

「아이의 사생활」에서 실험한 결과를 봅니다.

40명을 두 부류로 나눕니다. 음악지능이 높은 아이 20명, 언어지능이 높은 아이 20명에게 네 가지의 기억력 실험을 합니다. 음악에 관련된 문제는 피아노 연주를 들려주고 같은 멜로디를 찾는 것과 장구소리를 들려주고 리듬을 찾는 문제였습니다. 결과는 음악지능이 높은 아이들의 음악점수가 높았습니다. 언어에 관련된 문제에서는 30개의 단어를 보여 주고 1분 후에 생각나는 것을 적는 문제와 짧은 동화를 들려주고 기억나는 단어를 체크해 보는 문제였는데, 여기서는 언어지능이 높은 아이들이 높은 점수를 받았습니다.

이런 결과는 종래의 IQ개념으로는 설명이 불가능합니다. IQ가 높다고 기억을 잘하는 것이 아니라 다중지능 중에 어떤 지능이 우수한가에 의해 기억력이 달라집니다. 사람마다 가지고 있는 강점지능이란 것이 어떤 것은 잘하게 하고 어떤 것은 그렇지 않다는 것입니다.

전생의 프로파일

전생이라고 하면 일반적으로 내가 이 세상에 태어나기 전을 말합니다. 그러나 엄밀한 의미로는 현재를 지난 과거는 모두 전생입니다. 과거는 현재로 이어지고 미래로 이어집니다. 마찬가지로 우리의 생도 과거생(또는 전생)에서 현생을 거쳐 미래의 생으로 이어집니다.

붓다는 현생을 보면 과거를 알 것이고 현생에 짓는 업을 보면 미래를 알 것이라고 설파했습니다.

> 자신의 전생에 대해 알려고 애쓰는 것이 대단히 가치 있는 일이라 믿는다. 이를 통해 자신의 모순과 좌절, 부적응성, 집착 등을 통찰할 수 있게 된다.
>
> 전생을 아는 것이 아무 상관도 없고 굳이 알 필요도 없다. 그러나 이런 경우에 해당되는 사람들은 전체의 1%도 되지 않는다. 전생을 발견할 수 없는 사람이라도 자신에게 전생이 있었다는 사실을 아는 것만으로도 상당한 도움을 얻는다.
>
> ● 지나 서미나라, 윤회의 진실, 윤회와 상식

현재의 다중지능이 현생의 것으로 보면 안 됩니다. 전생이 있기에 그때의 업이 현생에 나타난 것입니다. 물론 다중지능은 후천적인 다양한 요소들에 의해 변화될 수 있습니다. 우리의 식識도 다양한 요소에 의해 변화되고요.

그러나 중요한 사실이 하나 있습니다. 다중지능을 결정하는 요소가 전생의 업과業果에 기인된다는 사실입니다. 금생에 축구를 좋아하면 신체운동지능이 발달되어 있는 경우로 전생의 DNA 속에 축구를 좋아하게 하는 인因이 깃들여 있다고 볼 수 있습니다. 전생에 많은 운동을 했고, 그것이 좋아서 그 같은 기능을 현생에 유지하는 것입니다.

전생의 DNA 발현

오늘 축구를 잘하는 아이는 내일도 축구를 잘합니다. 내일뿐만 아니라 내후년도 잘할 가능성이 높습니다. 나이가 들어서도 또래 중에서 축구를 잘하는 편에 속할 것이 분명합니다. 이것이 전생의 업이며, 전생의 DNA를 발현하는 것이지요. 이런 측면으로 볼 때 업을 새롭게 창출하는 일은 매우 중요한 일이 됩니다. 그러기에 아이가 가진 전생의 DNA를 잘 발현하도록 조력해 주어야 합니다.

부모는 아이에게 부정적인 시각을 버려야 합니다. 아이를 성공할 수 있는 가능태로 보아야 합니다. 창조적인 능력을 가지고 태어났다고 인정해야 합니다. 이렇게 인정을 받고 자란 아이라야 전생의 DNA를 남김없이 발휘하게 됩니다. 전생의 DNA를 발현하게 하는 이 방법은 앞서 공부한 플라시보 효과 placebo effect와 무관하지 않습니다.

아이가 비록 전생의 좋은 DNA를 타고나지 못했더라도 아이를 향한 긍정적인 마음가짐과 격려가 뒤따른다면 아이를 성공적으로 키워낼 수 있습니다.

스님은 이렇게 말씀합니다.

우리의 본래 생명은 진리이며 지혜이며 걸림 없는 힘이다. 그러나 우리는 일상생활에서 자신이 가진 생명력의 극히 작은 부문만을 발휘하는 데 불과하다. 그것은 '나의 힘은 이 정도'라고 스스로 자기를 한정하기 때문이다. 그러나 다급할 때를 당하면 생각지 못했던 힘이 나타나는 것을 종종 본다. 어찌하여 다급할 때 놀라운 힘이 나오는 것일까? 위급할 때는 자기 한정 관념이 개입할 겨를이 없어 본래 갖추어진 힘이 나오기 때문이다. 우리가 평소 다급할 때처럼 자기 한정 관념에서 벗어난다면 놀라운 능력을 발휘하게 될 것이다. 그러자면 끊임없이 "나는 육체가 아니다. 불성이다. 부처님의 공덕 생명이다. 나무마하반야바라밀" 하며 진리의 믿음을 신념으로 확충해 가는 수행에 힘쓰는 것이 좋을 것이다.

● 광덕, 빛과 연꽃, 자기 한정에서 벗어나자

전생의 DNA 개발

다중지능이론에 따르면 누구나 특정분야의 지능을 갖고 태어난다는 것입니다. 그 지능을 찾아주어야 합니다. 그 지능이 천재적인 지능일 수 있습니다. 비록 언어지능이나 논리수학지능이 떨어져 공부는 뒤떨어지더라도 다른 분야에 천재성을 소유하고 있는 경우가 많기 때문이지요.

인도의 아버지라고 불리는 간디, 발명의 왕 에디슨, 원자물리학의 대가였던 아인슈타인, 이들은 모두 어릴 적 공부를 잘하지 못했습니다. 그러나 이들은 자신이 타고난 강점지능을 살려 위대한 인물로 인류사에 기록되어 있습니다. 이처럼 부족한 부분이 있더라도 어느 특정분야에서는 놀라운 천재성을 나타내는 경우가 허다합니다.

EBS의 「아이의 사생활」에 소개되었던 말레이시아의 핑 리안 Ping Lian. 1995년에 태어난 그는 자폐증과 ADHD를 앓고 있는 심각한 신체장애를 갖고 있는 소년입니다. 그는 6살 때부터 연필을 잡고 그림을 그리기 시작했습니다. 그런데 그림 솜씨가 매우 뛰어나 천재적인 재능을 발휘하고 있다는 점에서 언론의 주목을 받았습니다. 그 결과 2006년 11살 되던 해 뉴욕 예술전시 투어까지 했습니다. 그 결과 바보 천재라고 불리는 서번트 신드롬savant syndrome을 촉발하였지요.

이 같은 사실은 각각의 지능이 연관되어 있다기보다는 서로 독립적이라는 것을 입증하고 있는 증거입니다. 서번트 신드롬을 일으키고 있는 사람들의 대부분은 IQ가 70이 채 되지 않는다고 합니다. 그런데도 천재성을 보이는 것은 전생의 DNA가 강점지능과 약점지능을 동시에 발전시키는 것이 아니라, 강점지능에 자극을 가함으로써 특정분야의 능력을 크게 자라게 했기 때문입니다.

이런 측면으로 볼 때 아이에게 주어지는 경험은 매우 긴요한 것이 됩니다. 핑 리안에게 그림을 그릴 수 있는 경험과 환경을 어릴 적부터 제공해 주지 않았다면 그는 서번트 신드롬과는 거리가 먼 사람이 되었을 것입니다.

지능인자에서 경험과 환경은 이렇게 중요합니다. 재능은 경험을 통해 발전해 가고 환경에 영향을 받으니까요.

경험과 환경

다중지능이론에 의하면 경험은 매우 중요한 위치를 점하고 있습니다. 경험은 다중지능을 발견할 수 있고 신장시킬 수 있는 중요한 요소가 되니까요. 사람은 모두가 경험을 바탕으로 진보합니다.

역사를 공부하는 것도 예전의 경험 속에서 얻은 실책을 다시 하지 않겠다는 것과 잘 된 역사는 왜 잘 되었는지 지혜를 얻기 위함입니다.

미국의 역사학자 에드워드 헬릿 카아 Edward.H.Carr는 이렇게 말했지요.

역사란 현재와 과거와의 그칠 줄 모르는 대화이다.

● 에드워드 헬릿 카아, 역사란 무엇인가

아이의 역사를 아는 일은 참으로 중요합니다. 역사를 알면 미래를 열 수 있고, 미래를 대비할 수 있지요. 불확실한 시대를 살고 있는 현시대일수록 더욱 그러합니다. 예전의 아이들은 진로가 정해져 있었습니다. 농경사회를 이루었던 조선시대만 하더라도 아버지의 직업을 계승하면 그만이었지요. 그것이 효도의 길이라 생각했습니다. 아이의 능력과 적성과는 전혀 무관했습니다. 그러나 다원화된 현대사회에는 맞지 않습니다. 아이가 부모의 직업을 잇는다는 보장이 없고 그렇게 될 수도 없기 때문입니다.

경험은 아이의 지적 발달을 돕고 진로를 결정하는 데 큰 양향을 줍니다. 아이의 숨은 재능을 일깨우는 첫 번째 선생님입니다. 경험은 나이가 어릴수록 좋습니다. 중학교보다는 초등학교, 초등학교보다는 유치원에의 경험이 아이의 재능을 일깨우는 데 도움이 됩니다.

경험 못지않게 중요한 또 한 가지 사실이 있습니다. 환경이 그것입니다. 아이가 재능을 발견하면 그 재능을 살릴 수 있는 환경이 제공되어야 합니다. 가령 신체운동지능이 뛰어나 축구선수로 대성할 가능성이 있다면 축구를 할 수 있는 환경을 제공해 주어야 합니다. 유니폼을 사주고, 공과 축구화를 사주며, 같이 축구할 수 있는 친구를 마련해 주어야 합니다. 여기에 아이의 장래를 이끌 훌륭한 코치를 만나게 해주는 일도 빼놓을 수 없습니다. 코치는 아이의 특성과 재능을 면밀히 관찰하여 최고의 선수를 만들 수 있는 기술을 가지고 있으니까요.

어두운 인생관이나 세계관을 심어 주는 아이는 어둡게 흘러갑니다. 지극히 밝고 정결한 환경을 제공해 주면 밝고 정결하게 흘러갑니다.

스님의 말씀을 경청합니다.

청소년이 어떻게 크고 있는가. 끝없이 맑고 밝은 그들 마음, 활활 용솟음치는 슬기로운 그 용기가 구김 없이 잘 크고 있는지……. 생각을 돌려보면 두렵기만 하다. 그들이 서 있는 마당은 과연 정결한가. 인간 육체주의의 사상, 경제에 종속된 태아 생명, 물질주의적 행복관의 난무, 그리고 부정적이며 퇴폐적이며 소극적이며 절망을 안은 언어의 폭류暴流. 어찌하여 축복받은 청소년이 이처럼 겹겹이도 오염지대로 둘러싸여 있는가?

저들의 눈동자에 밝고 신성함을 보여 주자. 악을 모르고 한계를 모르는 끝까지 착하고 거룩한 용기를 보여 주자. 소극과 어두움과 죄악과 패망과 어두운 세계관을 그의 환경에서 몰아내 주자. 그것은 유물주의적 인간관의 소탕에서 오는 것이다.

● 광덕, 명상언어집·봄, 우리의 청소년이 크는 땅은 정결한가

행복 찾아 주기

아이가 좋아하는 일이라고, 머리가 좋다고 다 성공하는 것은 아닙니다. 그러나 싫어하는 일을 하기보다는 좋아하는 일을 하게 되면 훨씬 성공할 가능성이 높고 행복해질 수 있습니다.

나에게 아이를 성공시키기 위한 필수요건을 말하라고 하면 "아이의 강점지능을 간파하라"라고 대답합니다.

강점지능을 알게 되면 아이를 좀 더 구체적으로 이끌 수 있기 때문이지요. 학교에서 보면 아이들의 꿈은 수시로 변합니다. 지극히 당연한 일이기도 하지만 이는 아이가 자신의 강점지능을 발견하지 못한 데 기인하기도 합니다. 강점지능을 잘 알고 있는 아이는 그렇지 못한 아이보다 방황할 확률이 낮습니다. 자신이 강점지능을 잘 알기에 남보다 일찍 전문적인 지식과 기술을 습득할 수 있고 능력을 계발할 수 있거든요. 강점지능을 잘 알고 있는 아이들은 그렇지 않은 아이들보다 자아존중감이 훨씬 높다는 사실도 주목해야 합니다.

자아존중감은 아이에게 있어 성패의 동력원이라고 할 수 있습니다. 자아존중감이 높은 아이는 매사에 자신감이 있고 실패해도 낙담하지 않으며 실패를 기회로 삼을 줄 압니다. 그러나 자아존중감이 낮을 경우에는 머뭇거리기 일쑤이고 잘못된 것은 남의 탓으로 돌리려 하고 한 번 실패하면 다시 도전하려 들지 않습니다.

세계의 위인들을 보면 100% 가까이 자아존중감이 높습니다. 자아존중감은 성취도와 매우 밀접한 관계가 있기에 그렇습니다. 앞으로도 세상을 이끌어가는 사람들은 자아존중감이 높은 사람들일 것이 분명합니다.

자아존중감을 높이는 일. 이 일에 앞장서서 그 역할을 수행해야 할 사람은 바로 부모입니다. 훌륭한 위인들 옆에는 반드시 훌륭한 부모가 있었다는 사실이 이를 증명합니다.

아이를 큰사람으로 이끄는 부모들의 예외 없는 특징이 있습니다. 큰사람으로 만드는 일이라 하여 어마어마할 것 같지만 다음과 같이 지극히 소소한 것입니다.

긍정적인 생각 키워 주기
아이를 믿어 주기

이것입니다. 이 두 가지가 아이를 훌륭히 키워 주는 아이교육의 키워드입니다. 작아 보이는 이 말 속에는 두 가지의 큰 가르침이 들어있습니다.

첫째는 "아이의 참생명이 부처님생명"이라는 붓다의 가르침을 가슴으로 받아들이는 일입니다. 불성에는 실패가 없습니다. 성공과 완성이 출렁대는 반야바라밀다의 대해大海만이 있습니다.

둘째는 믿어 주기입니다. 믿어 주기는 마음의 평안을 주고 관계를 개선하는 데 일등공신 역할을 합니다. 부모가 아이를 믿어 주는 만큼 아이는 성장합니다. 아이가 장차 큰 인물이 될 거라는 믿음, 이 믿음이 아이를 크게 만듭니다. 이것은 진실입니다. 이 등불 하나는 절대 꺼뜨리지 마세요.

나의 집에 고무나무가 있습니다. 작은 화분에 심어진 고무나무는 몇 해를 지나도 마냥 그대로입니다. 이 고무나무를 반경이 큰 화분에 옮겨 보았습니다. 그러자 쑥쑥 자랐습니다.

우리의 정신환경도 화분에 비유할 수 있습니다. "우리 아이가 뭘 하겠어", "능력이 없는 아이야", "형편없는 아이야"라고 전제

한다면 아이는 그 한계를 뛰어넘지 못합니다. "우리 아이는 대단해", "장차 큰 인물이 될 거야"라고 전제한다면 아이는 크게 자랄 것입니다. 그러기에 스님은 늘 이렇게 서원하라고 이릅니다.

일체 중생 모두가 또한 부처님의 공덕을 모두 갖추었으니 일체 중생이 갖춘 그 모든 공덕을 찬양하겠습니다. 겉모양이 비록 가지가지 중생상을 보일지라도 그것은 모두가 허망한 그림자이며 나를 위한 방편 시현이십니다. 실로 모든 중생이 진정 중생이 아니며 부처님의 거룩하신 공덕을 구족하게 갖추고 있사옵니다. 지극히 지혜롭고, 지극히 자비하고, 온갖 능력 다 갖추었으며, 온갖 공덕 다 이뤄 원만하고 자재하니 이것이 일체 중생의 참모습이옵니다. 저희들은 이 모든 공덕을 찬양하겠습니다. 결코 중생이라 낮춰 말하지 않겠습니다. 비방하거나 어리석다 하거나 미래가 어둡다고 말하지 않겠습니다. 부처님께서 완전하심과 같이 일체 중생이 원만한 덕성임을 믿사오며 그 모두를 항상 찬양하겠습니다.

●광덕, 보현행자의 서원, 찬양분

호기심과 몰입

아이의 재능은 전생의 DNA에 지배될 수도 있고, 환경적인 요인에 지배될 수도 있습니다. 아이가 음악적 지능을 타고 나지 못했더라도 어릴 때부터 고전음악을 듣고 자랐다면 자연히 고전음악에 관심과 호기심을 보일 테니까요.

호기심은 강점지능과 연관되어 있지요. 야외에 나갔을 때 자연

친화지능이 높은 아이는 자연 현상에 대한 질문을 끝없이 할 것입니다. 신체운동지능이 높은 아이는 어떤 경기를 나름대로 평가하면서 선수들의 실책과 잘한 점을 분석해 낼 것입니다. 부모는 이런 순간을 놓치면 안 됩니다.

창의성이 강한 아이는 자기가 좋아하는 분야에 몰입하기를 좋아합니다. 몰입을 잘하는 아이는 그쪽 분야에 호기심을 갖고 있기 때문이지요. 아이에게 있어 호기심이나 흥미 없이는 어떤 일에 몰입하게 하기란 쉬운 일이 아닙니다.

몰입은 아이의 천재성을 발견할 수 있는 최적의 순간일 수 있습니다. 아이가 수많은 경험을 하는 가운데 어떤 일에 몰입을 잘하는지 잘 관찰하십시오.

관심

아이들을 두 그룹으로 나눕니다. 축구에 관심이 없는 독서능력이 뛰어난 아이들로 구성된 그룹과 독서를 거의 하지 않는데 축구에 관심이 많은 아이로 구성된 그룹. 두 그룹의 아이들에게 유명한 축구선수에 대한 글을 읽게 합니다.

이 경우 어느 그룹의 아이가 내용을 잘 기억할까요? 실험 결과를 보면 축구에 관심이 많은 아이로 구성된 그룹의 아이들이 훨씬 내용 기억을 잘했습니다.

관심은 성취의 동력입니다. 아무리 기억력이 좋다고 하더라도 관심만 못합니다. 관심은 뛰어난 기억력보다 더 많은 것을 기억하게 하거든요.

아이가 기울이는 관심, 부모는 늘 아이가 기울이는 관심 분야를 주의 깊게 살펴보아야 합니다. 아이가 기울이는 관심은 내적 동기를 유발하고 내적 동기는 잠재된 전생의 DNA를 이끌어 내기 때문입니다.

광덕스님의 실존지능

우리는 왜 사는가
삶의 목표는 무엇인가
공부는 왜 하는가
깨달음이란 무엇인가
인간은 왜 사랑하기도 하고 반목하기도 하는가
바람직한 삶이란 어떤 것인가

이런 문제들은 다중지능으로 설명하는 데 한계가 있습니다. 이런 철학적 문제들은 언어지능, 논리수학지능, 신체지능, 자기이해지능과 같은 다중지능으로 설명할 수 없기에 가드너는 실존지능을 추가했습니다. 성철스님이나 광덕스님, 법정스님 같은 선각자들의 일생을 더듬어볼 때 8가지 지능으로 설명하기엔 이 분들의 삶은 너무나 큽니다.

천재란 결정된 것이 아닙니다. 타고난 전생의 DNA, 그리고 환경, 부모의 신뢰, 자신의 경험과 호기심 등이 연기법에 의해 드러나는 이법입니다. 우주보다 더 큰 그물이라도 한 코를 잡아당기면 모두 달려오듯이 중중무진의 인연으로 천재성이 발휘되는 것입니다.

광덕스님은 매주 수천이 넘는 사람들에게 인간 실존의 가르침을 설해 주었습니다. 생을 무가치하게 보는 사람들에게 참다운 존재의 의미를 일러 주었고, 병들어 신음하는 사람들에게는 육체의 덧없음을 설해 집착을 여의도록 했으며, 방황하는 현대인들의 발걸음을 멈추게 한 이 시대의 크나큰 별이었습니다.

그런 위대한 삶을 살았지만 스님의 행원은 다함이 없습니다. 뭇 중생들의 가녀린 모습이 안타까워 다시 이 사바에 수행자로 태어나 중생을 제도하겠다고 했습니다.

"큰스님, 내생엔 무얼 하시럽니까?"

한동안 나를 가만히 건너보시다가 조용히 미소를 띤 모습으로 말씀하셨다.

"다음 생도 마찬가지로 바라밀하기 위해 출가 수행자가 되어야지. 그래서 염불 실컷 하고 전법 실컷 하고 부처님 사업 실컷 해야지."

● 송암, 광덕스님 시봉일기 제7권 · 사부대중의 구세송

"스님 돌아가시면 어떻게 살아요?"
"죽는다고 생각하지 마. 나는 죽는 목숨 아니야."
"스님 돌아가시면~"
"나는 다시 올 거야."

● 김재영, 광덕스님의 생애와 불광운동, 광덕스님의 전법행원 45년

늘 중생 곁에서 고통을 함께하며 살았던 광덕 큰스님, 스님은 열반에 들 때까지 보살의 원력으로 살았습니다. 허공계가 다하고 중생계가 다할지라도 예토를 정토로 만들고자 하는 원력은 다름

아닌 실존지능이었습니다. 스님에게 이 같은 실존지능이 없었다면 한국불교사에 기라성처럼 우뚝 서 있지 못할 것입니다.

이처럼 다중지능은 인생을 살찌우고 큰 인물로 만들어 내는 크나큰 동력으로 작용합니다.

그런데 중요한 사실은 다중지능을 옳게 사용해야 한다는 것입니다. 실존지능을 높게 타고난 사람의 경우, 광덕스님처럼 중생구제의 원으로 사는 사람이 있는가 하면 하루 종일 인생이란 무엇인가 생각하면서 고뇌에 찬 삶만을 지향하는 염세적인 삶을 살 수도 있습니다. 논리수학지능이 우수한 사람이 우주를 정복하는 실험을 행하기도 하지만 다른 사람의 돈을 얼마나 자신의 것으로 만들 수 있을까 확률을 계산하는 사람으로 전락할 수도 있습니다.

따라서 전생의 DNA을 발견하는 일도 중요하지만 그 DNA를 가지고 가치 있는 삶을 살 수 있도록 이끄는 일도 매우 중요한 일입니다.

Part 6
DNA를 깨우는 힘

어버이가 관심을 갖지 않으면 아이는 버려지고 만다.
유대인의 격언입니다. 아이가 아침에 일어나 잠자리에 들 때까지 사랑의 언어를 속삭여 보세요. 이렇게 말이지요.
"엄마는 널 믿는다. 넌 장차 우리나라의 기둥이 될 거야."

전생의 DNA에 불을 댕겨라

잠자는 전생의 DNA를 일깨우는 유용한 방법이 있습니다. 바로 아이에게 자신감을 키워 주는 일입니다. "너는 할 수 있어"라는 말을 자주 건네는 것이지요. 이 말은 아이에게 성공적인 인생을 살 수 있게 만드는 주문과도 같습니다.

우리가 수행하는 이유 중의 하나는 마음의 평정을 찾기 위해서입니다. 흙탕물이나 흔들리는 물속에서는 금덩어리가 보이질 않지요. 물결이 치지 않은 곳에서라야 금덩어리를 볼 수 있습니다. 우리의 마음도 이와 같습니다. 마음이 평온해야 모든 대상과 마주할 수 있습니다.

교육은 강점을 살리고 약점을 보완하는 작업

세상 사람들의 얼굴 생김새는 각기 다릅니다. 40억 인구 중 똑같이 생긴 사람은 한 명도 없습니다. 수많은 사람들 중에는 잘생긴 사람도 있고 못생긴 사람도 있습니다. 중요한 것은 잘생긴 사람만이 성공하지 않는다는 것입니다. 못생긴 사람 중에도 세상을 풍미하며 성공적인 삶을 산 사람들이 얼마든지 있습니다.

우리의 DNA도 모두가 똑같지 않습니다. 평범한 DNA를 가지고 태어났더라도 DNA를 어느 방향으로 쓰느냐에 따라 성공 여부가 결정됩니다. 현명한 부모들은 다른 부모가 하는 대로 따라가지 않습니다. 본래부터 못생긴 얼굴을 잘생기게 만들려는 노력을 하는 것이 아니라 못생긴 얼굴에 개성을 부여하려 노력하는 것입니다. 부족한 면보다는 잘하는 면을 찾아내고 잘하는 것을 스스로 찾아낼 수 있도록 조력합니다. 남을 좇아가는 부모는 남의 아이를 잣대로 삼아 자기 아이를 재단하려 하고 재단한 틀에 맞추려 합니다. 이 과정에서 마찰이 생기고 파국을 맞기도 하지요.

사람에겐 약점도 있고 강점도 있습니다. 교육은 강점을 살리고 약점을 보완하는 작업입니다.

자신감은 성공의 DNA

사람이 칭찬을 받게 되면 그 행동을 더 강화하려는 속성이 있습니다. 강화强化, reinforcement란 조건형성의 학습에서 자극과 반응의 결부를 촉진하는 수단으로 칭찬을 통한 효과를 증대시키는 일입니다.

뇌 과학자들의 말에 따르면 "너는 그 일을 해 낼 수 있을 거야"라는 메시지를 뇌에 전달하면 뇌가 강화된다고 합니다. 낚시꾼이 낚시를 할 때 물고기가 물리지 않으면 낚시를 그만둘 것입니다.

시간을 자꾸 연장하면서 낚시를 하는 것은 물고기가 계속 물려주기 때문입니다. 물고기자 자꾸 물림(자극)이 낚시를 계속하게 하도록(강화, 반응)하는 것입니다. 아이의 뇌에도 할 수 있다는 심념을 심어 주기 위한 강화의 활동을 계속해야 합니다.

세월은 무시무종입니다. 시작도 없고 끝도 없습니다. 인간의 삶도 그렇지요. 입학이 있으면 졸업이 있고, 졸업이 있기에 입학이 있습니다. 시작이 있기에 끝이 있고 끝이 있기에 시작이 있습니다. 실패가 있기에 성공이 있고 성공이 있기에 실패가 있습니다.

성공과 실패의 양면성 속에서 성공의 DNA를 찾을 수 있도록 조력하는 것이 부모의 역할입니다. 중요한 것은 아이가 '자신감'을 잃지 않도록 하는 것입니다. 뇌 과학자들은 자신감과 자존감이 줄어들면 뇌가 축소된다고 가르칩니다. 뇌가 축소되면 기억력, 학습능력이 저하된다고 가르칩니다.

캐나다 맥길 대학의 소니아 루피엥Sonia Lupien 박사는 영국 런던에서 열린 왕립학회학술회의에서 충격적인 보고서를 발표했습니다. 노인 92명을 대상으로 15년에 걸쳐 뇌 조영과 뇌 기능 테스트를 실시한 결과 자신감이 결여된 사람들이 자부심이 강한 사람들에 비해 뇌의 크기가 약 20% 작고 기억과 학습기능도 현저히 떨어졌음을 밝혀낸 것입니다.

그러나 다행스럽게도 루피엥 박사는 이러한 부정적인 생각을 지닌 사람이라도 심리치료를 통해 생각하는 방식을 바꾸면 뇌 기능의 저하를 회복할 수 있음을 임상실험을 통해서 밝혀냈습니다.

어릴 적부터 부모로부터 칭찬을 받고 자란 아이들은 그렇지 않은 아이들보다 성공할 가능성이 몇 배 높다는 사실을 기억해야 합니다. 아이에게 불어넣는 자신감은 아이의 DNA 속에 저장되어 에너지로 화(化)하기 때문입니다. 그러기에 스승의 "칭찬은 보약"이었고 "밝은 불빛"이었습니다. 칭찬은 자극이며 불빛은 반응입니다.

　　다시 나의 지난 시절을 돌아보면 나는 스님의 무수한 칭찬의 은혜를 입었다. 그것도 최상의 칭찬이다. 스님이 나에게 무슨 원하는 일이 있어서 방편으로나 또는 인사로 하는 의례적인 칭찬이 아니다. 또 격식이나 흔히 주고받는 덕담의 차원이 아닌, 마음 밑바닥에서부터 솟아나는 뜨거운 인간애의 표현인 긍정 칭찬, 자비 칭찬, 불성 칭찬……. 생명의 맑은 물줄기를 끌어올리는 작업의 칭찬 말이다.
　　내가 힘이 없을 때나 의기소침했을 때나 판단이 바르게 서지 않을 때나 게을러 혼미에 빠져 있을 때나 그 어느 때나 스님의 칭찬은 보약 같은 것이었고 오히려 꾸지람이었으며 어둠 속에서 헤매고 있는 나에게 밝은 불빛이었다.
　　일에 대한 정당성을 놓고 보더라도 충분히 야단치고 소리 지르며 호령할 근거가 있었음에도 얼굴에 온화한 미소를 잃지 않았던 까닭은 무엇일까. 그 어떤 경우라도 성냄은 진리가 아닌 마음을 더럽히는 일이기 때문이었으리라.　　●송암, 광덕스님 시봉일기 제2권 · 징검다리

　　루피엥은 스트레스가 기억력을 저하시킨다는 사실을 과학적으로 규명하기도 했습니다. 실험에 참가한 사람들은 스트레스를 받자 14%나 기억창고격인 해마의 기능이 작아졌다고 합니다. 쥐에

게 실험을 적용한 결과 똑같은 현상이 나왔는데, 실험쥐를 그냥 내버려 두었더니 다시 해마가 정상치에 이르렀다고 합니다. 해마는 대뇌의 측뇌실하각側腦室下角 바닥면에 돌출하는 대뇌피질의 일부로 기억력과 관계됩니다. 이 부위에 높은 빈도의 자극을 가하면 장기증강長期增强이 생깁니다. 자극으로 DNA가 깨어나는 것이지요. 자신감이 생기고 자아존중감이 높아지는 것입니다.

잔소리를 하거나 비난하여 스트레스를 줄 경우 아이의 기억력은 감퇴합니다. 다시 말해 학습능력이 떨어진다는 거지요. 제자의 시봉일기에서 보듯 칭찬이 "밝은 등불"이 된 이유가 여기에 있습니다.

아이가 자신감을 잃지 않도록 늘 칭찬과 격려를 할 일입니다. 칭찬을 받게 되면 뇌에 도파민dopamine이라는 호르몬이 분비되어 칭찬받은 행위를 강화시킨다지요? 늘 아이와 마주 보고 환한 웃음을 지어 주세요. 칭찬은 말로도 할 수 있지만 몸짓으로도 할 수 있습니다. 환한 웃음이 말로 하는 칭찬보다 효과가 더 있습니다. 그래서 교단 교사들은 수업할 때 말로도 칭찬하지만 얼굴 표정으로 칭찬하는 경우가 많습니다.

스님은 말씀합니다.

표정은 마음의 나타남이다. 마음의 얼굴이다. 어두운 마음에서는 표정이 어둡다. 거친 마음에서는 거칠다. 근심을 만든 마음이 얼굴에 근심을 그려낸다. 자신의 생명이 육체에서 생겨난 육체이거나 물질의 종속자라는 미망에서 벗어나야 한다. 그리고서 자신의 생명에 부처님의 무한 공덕이 넘치고 있다는 것이 진실 생명의 현실이라는 것을 믿어야 한다. 자신의 생명에 이러한 큰 공덕이 구족하다는 사실에 감사해야 한다. 밝고 평화스럽고 긍정적인 자세, 그 안에 따뜻하고 성실하고 지혜스러운 모습, 그리고 활기와 긍지와 자신에 찬 행동거지가 불자의 정상적인 모습이 아닌가. 이러한 불자의 표정이 나 자신에게 새로운 긍지와 자신을 주며 행운을 약속한다.

● 광덕, 빛의 목소리 1, 밝은 표정 밝은 마음

아이의 DNA에 불을 댕겨라

두뇌생리학에서는 다음 같은 사실을 강조합니다.

- 잠재의식 속에 입력되어 있는 사실은 실현된다.
- 어릴수록 잠재의식에 들어가기 쉽다.

아이의 뇌에 가능성의 스위치를 켜두는 것이 중요합니다. 그렇지 않고 도전하기도 전에 '할 수 없다', '될 수 없다'고 결론지으면 아무리 시간이 흘러도 꿈은 실현되지 않습니다. 이것은 너무도 당연한 결과입니다.

● 이승헌, 아이 안에 숨어 있는 두뇌의 힘을 키워라

아이들의 사고는 분화되어 있거나 분석적이지 못합니다. 단순하고 장면에 쉽게 동화되어 갑니다. 부모는 아이가 가진 약점을 강점으로 바꿀 필요가 있습니다. 이것은 지극히 가능한 일입니다. 생각을 바꾸는 순간 약점이 강점이 되니까요. 이렇게 말이지요.

- 난삽하다 – 사고가 다양하다
- 공상을 잘한다 – 상상력이 풍부하다
- 엉뚱한 이야기를 잘한다 – 상상력이나 대화술이 좋다
- 부산하다 – 활동반경이 넓고 운동량이 크다
- 남과 마찰이 있다 – 아이는 싸우면서 자란다

아이를 어떤 시각에서 바라보느냐에 따라 아이에 대한 관점과 평가가 달라집니다. 아이에게 가급적 높은 평점을 주십시오. 부모가 DNA에 가하는 평점(믿음)대로 아이는 자라게 되니까요.

산모들을 상대로 아기가 태어나면 언제부터 주위를 인식할 수 있겠느냐는 물음에 응답자의 13%가 "태어나자마자"라고 응답했고 36%는 생후 2개월, 나머지는 1년 후라고 응답했습니다. 그 뒤 4개월, 8개월, 12개월에 가정을 방문하여 조사하였는데 "아기가 태어나자마자"라고 응답한 경우가 다른 아이들에 비해 발달 정도가 현저히 앞서 있었습니다.

자식은 어머니가 만든다

인간의 뇌가 개인별로 다른 것은 외부 정보의 양에 따라 달라지기 때문입니다. 그러기에 조급해 하지 않고 인내심을 갖고 기다릴 줄 아는 지혜가 필요합니다. 안달하며 자신의 입맛에 맞추어 아이를 재단하려 한다면 아이의 성공은 기대할 수 없습니다.

전구를 발명한 토머스 에디슨의 어린 시절 이야기는 너무나 유명합니다. 초년의 삶은 전 세계의 어린이들에게 전설이며 성공의 상징입니다. 직접 달걀을 품어 부화를 시도해 봤다는 지극한 호

기심과 관련된 이야기가 무엇을 의미하는 걸까요? 만약 부모가 "바보 같은 녀석, 달걀을 부화하겠다고? 할 일이 없어 3주일이나 품고 있겠다고?"라고 했다면 오늘날의 에디슨은 존재하지 않았을 것입니다.

달걀을 품고 있는 에디슨에게 어머니는 말했습니다.

"그래, 언젠가는 알이 부화하겠지? 만약 부화를 안 하면 그 이유가 뭔지 찾아보렴."

어머니에게 힘입은 에디슨은 가정환경이 어려워 기차에서 신문을 팔면서도 실험실을 꾸며 열중하다가 기관장에게 볼을 맞아 청각장애를 얻었다고 전해집니다. 특히나 담임선생님에게 부적응 어린이로 낙인찍혀 석 달 만에 학교를 그만두고 홈스쿨링을 해야 했던 에디슨. 그의 어머니에 대한 회고담을 들어봅니다.

어머니께서 나를 만드셨다. 어머니께서는 진실하셨고 나를 믿어 주셨다. 덕분에 나는 내가 뭔가를 해낼 수 있다는 느낌을 가졌고, 어머니를 실망시켜 드리지 않아야 한다고 생각했다.

어머니의 절대적인 사랑과 격려는 아이를 일으켜 세울 수 있는 위대함이 있습니다. 세상 사람이 다 바보라고 취급해도 에디슨의 어머니는 아들을 믿었습니다. 프랑스의 황제를 지낸 나폴레옹 Napoleon. 나폴레옹은 어머니의 위대성을 이렇게 말합니다.

자식은 언제나 그의 어머니가 만든다.

우리가 가지고 나온 전생의 DNA는 부모의 믿음에 의해 활동성이 달라집니다.

　부모에게서, "너는 매양 하는 일이 그 모양 그 꼴이냐?", "한심한 녀석", "겨우 그거냐?", "뭐 하러 세상에 태어났니?"라는 소리를 듣는다면 전생의 DNA는 거기에 천착합니다. 그러나 "넌 무엇이든 할 수 있어", "열심히 달걀을 품어 보렴, 병아리가 나올 거야", "너는 이 세상을 위해 할 일이 많은 아이야", "너는 뭐든지 할 수 있는 아이라고 믿어"라는 메시지를 받고 자란 아이는 자신이 가진 DNA를 유감없이 발휘합니다.

　이것이 붓다께서 말씀한 긍정의 법칙이고 행복의 법칙입니다. 생명이 절대무한임을 밝히는 진리의 법문입니다. 일체 중생이 모두 '붓다의 생명'이라는 우레와 같은 소식입니다.

　스님은 말씀합니다.

　　우리가 쓰는 말은 단순한 상태의 진동이나 음파의 파장이라고 생각될지도 모른다. 그러나 그것은 극히 피상적인 관찰이다. 실로 말은 놀라운 힘을 가지고 있다. 말에는 생명의 의지가 강한 힘이 함축되어 있다. 경전에서는 "일체는 오직 마음이 만든다"고 한다. 이 창조적 마음이 말로 표현되고 거기에 마음의 강력한 힘이 상부相符된다. 그래서 우리의 말은 단순한 성대의 진동이 아닌 것이다. 그래서 우리는 말의 힘을 구사하여 우리의 운명을 만들어 내는 것이다.
　　　　　　　　　　　　　　　● 광덕, 행복의 법칙, 언어의 창조력

천재로 대해 주니까 천재가 되지요

아이가 자신의 능력을 발휘하지 못하더라도 그의 생명의 실상, 부처님의 위덕 생명은 그대로입니다. 부모는 어떤 일이 있더라도 아이가 가진 숨어 있는 위대한 천재성, 에디슨의 DNA를 믿어 주어야 합니다. 이 믿음은 신앙적인 믿음이 아닙니다.

인간은 가능성을 믿어 주면 모든 의식이 그렇게 작용한다는 피그말리온 효과Pygmalion Effect. 이 이론은 교육학이나 심리학에서 매우 중요한 위치를 점합니다. 아이들은 내가 기대하면 기대하는 쪽을 변화되어 간다는 이론이지요.

하버드 대학교 심리학과 로버트 로젠탈Robert Rosenthal 교수와 초등학교 교장 레노어 제이콥슨Lenore Jacobson은 빈민들이 많이 거주하는 미국의 오크초등학생을 상대로 실험을 했습니다.

학기 초 담임교사에게 학생 명단을 주면서 이 아이들은 잠재된 능력이 매우 뛰어난 아이들이라고 일러 주었습니다. 그러나 이 아이들은 모두 무작위로 선발된 아이들이었습니다. 1년 후 아이들의 성적과 행동 변화를 보았습니다. 1학년의 경우 잠재력이 뛰어나다고 한 아이들의 경우 지능지수가 무려 24점이나 올랐습니다. 행동 역시 대인관계능력이 현저히 개선되었습니다.

실험집단의 아이들은 원래 차이가 없는 아이들이었습니다. 그런데도 이 같은 차이를 보인 것은 무엇 때문일까요?

첫째, 교사들은 잠재력이 있다고 믿은 아이들에게 관심을 더 기울였을 것입니다. 이 관심이 의식적이든 무의식적이든 아이에게 직·간접적인 영향을 주었을 것입니다.

둘째, 교사들의 관심이 아이들의 타고난 전생의 DNA을 일깨웠을 것입니다. 알게 모르게 받게 되는 관심과 격려는 아이들의 학습태도와 행동에 영향을 주었을 것입니다. 그래서 아이들은 교사의 기대에 부응하려 노력하였을 것입니다.

셋째, 학생들의 성적이 올라가거나 행동이 좋아지면 교사들의 그 아이들에게 대한 기대감이 높아지고 아이들 역시 그 기대에 부응하기 위해 노력을 경주하였을 것입니다.

넷째, 교사의 기대가 학생들에게 안정감을 주었고 교사의 칭찬과 격려를 받은 아이들은 더욱더 할 수 있다는 자신감을 갖게 되고 자아존중감이 높아졌을 것입니다.

연구자인 로젠탈과 제이콥슨은 "우수한 학생이라는 기대를 가지고 아이들을 가르치면 그 아이들은 우수하게 성장한다"라고 말했습니다.

피그말리온 효과를 통해 볼 때 학교의 교사들은 모두가 아이들을 조각하는 교실의 피그말리온입니다. 부모들도 마찬가지입니다. 집에서 내 아이를 조각하는 피그말리온입니다.

부모의 아이에 대한 믿음은 아이가 성장케 하는 원동력이지요. 프로이트는 자신의 저서인 『꿈의 해석』에서 "내가 큰 사람이 되려고 했던 것은 나에 대한 어머니의 믿음 때문이다"라고 말했습니다.

지금 당장은 훌륭한 소질이나 능력이 털끝만큼도 보이지 않아도 때가 되면 능력이 발현되기 마련입니다. 아이의 뇌가 완전하다는 것을 믿으면 아무리 힘든 상황이 와도 미래를 내다보며 견딜 수 있습니다. 언젠가 자기가 좋아하고 열중할 수 있는 일을 만나게 될 테고, 그때는 누가 시키지 않아도 스스로 숨어 있는 재능을 100%

발휘하게 됩니다. 부모를 힘들게 하는 아이일수록 기다리는 마음이 필요합니다.
● 이승헌, 아이 안에 숨어 있는 두뇌의 힘을 키워라

지켜봄. 매우 중요한 아이교육법입니다. 잔소리는 그만하고 지켜볼 것입니다. 그러다 아니다 싶을 때 농부가 소의 고삐를 당겨 진로를 수정해 주듯 그렇게 할 것입니다. 농부는 시시콜콜하게 소에게 가르치거나 잔소리를 하거나 푸념 섞인 말을 하지 않습니다. 더욱이 채찍을 사용하지도 않습니다. 채찍은 주인에게 충성하는 소에 대한 예의가 아님을 알기 때문입니다.

어버이가 관심을 갖지 않으면 아이는 버려지고 만다.

유대인의 격언입니다. 아이가 아침에 일어나 잠자리에 들 때까지 사랑의 언어를 속삭이세요. 이렇게 말이지요.
"엄마는 널 믿는다. 넌 장차 우리나라의 기둥이 될 거야."

DNA의 주인이 되게 하는 수행

"너는 마음을 잘 써야 해!"라고 하지 마세요. "DNA를 잘 개발해서 써!"라고 말하세요. DNA는 아이의 행동을 개선시키고 뇌의 구조를 좋게 하거든요. 뇌가 평안해지면 마음이 평안해지고 하는 일이 잘 풀리거든요. 마음의 주인이 되기 때문입니다.

마음의 주인이 돼라

붓다의 말씀입니다. 마음의 주인이 되면 건강해지고 매사가 순조롭게 됩니다.

수식관(數息觀)은 마음의 주인이 되게 하는 대중선의 기초로서 붓다 역시 이 방법으로 마음을 닦았고, 제자들에게 이 방법을 권했습니다. 수식관이란 호흡의 들숨과 날숨을 마음으로 헤아리는 것으로 세 단계를 거칩니다.

먼저 조신(調身). 방석을 깔고 반가부좌를 하고 몸을 고릅니다. 오른손 위에 왼손을 얹고 두 엄지를 맞대고 둥근 계란처럼 만들어 단전 부위에 갖다 놓습니다. 눈은 반쯤 뜨고 시선은 코끝을 지나 앞에 던져 놓습니다.

다음은 조식(調息). 호흡을 조절합니다. 호흡이 들어오고 나갈 때 호흡이 코에서 목을 통하여 가슴으로 배로 다시 아랫배 배꼽 아래 단전까지 내려가는 것을 관합니다. 호흡이 단전에 이르면 잠시 멈추었다 내쉽니다. 내쉴 때 호흡이 단전에서 배로 가슴으로 목으로 코로 나가는 것을 지켜봅니다. 숨을 한 번 들이쉬고 내쉬는 것을 일식(一息)이라고 합니다. 일식이 끝날 때마다 하나 둘 셋…… 열까지 세고 다시 하나로 돌아가 아홉까지 세고, 다시 하나로 돌아가 여덟까지 세고 나중에는 하나 둘, 하나로 끝납니다.

그 다음은 조심(調心). 조심을 하면서 머리 속의 온갖 잡념을 다 털어버리는 것을 말합니다. 조심을 잘하면 마음이 고요해지고 평화가 찾아옵니다. 뇌가 매우 정상화되어 모든 상황을 받아들일 만큼 청정한 상태가 됩니다. 이 상태에서는 잠재된 DNA를 최대한 발휘할 수 있습니다.

스님은 말씀합니다.

- 좌선을 하면 마음이 안정되고 사무능률이 향상되며 사고가 없고 대인관계가 원만해집니다. 두뇌가 맑아지고 새로운 아이디어를 얻습니다. 정신집중이 잘 되고 추리력, 이해력이 증진되며 문제의 핵심을 잘 잡고 피로회복이 빠릅니다.
- 참선은 가장 깊은 인간 공부입니다. 참선은 자기 상실의 인간에서 참자기를 회복시키는 공부입니다. 인간과 천지만물의 근원을 밝혀 내는 공부입니다. 자기가 무엇인지 모르고 욕망이나 관습이나 환경조건에 적응해 가면서 덜컹덜컹 굴러가다가 죽음을 맞이하는 존재의 실상을 회복하는 일입니다.

● 광덕, 생의 의문에서 해결까지, 참선

DNA를 깨우는 대화

말은 뇌에 영향을 줍니다. 무심코 내뱉는 말이 비수가 되어 가슴에 꽂힐 수도 있고 죽어가는 사람을 살릴 수 있는 희망의 메신저가 될 수도 있습니다. 그래서 말은 용기를 주고 희망을 주는 말을 하여야 합니다.

아이의 말문을 열게 하는 방법

아이가 자신의 문제나 마음을 전달하는 과정에서 아이의 말문을 열게 하는 방법이 있습니다. 이 방법은 청취자가 자신의 생각과 감정, 판단 등을 전달하지 않고 아이의 생각을 표출하게 하는 방법입니다.

- 계속해 보렴.
- 어떻게 그런 생각을 했니?
- 바로 그거야. 나도 그런 생각을 했거든.
- 네 생각을 듣고 싶구나.
- 그거 재미가 있군.

적극적 경청

아이들은 자신이 말하는 것을 누군가가 들어준다는 것 자체로도 신나 합니다. 적극적 경청은 아이들과 소통할 수 있는 좋은 방법입니다. 적극적 경청을 함으로써 아이들의 말문은 열리게 되고 부모와 하나가 되어갑니다. 자기 말에 귀 기울여 주고 이해해 준다는 사실이 아이에게 공감을 불러일으키고 경청하는 사람으로 하여금 따뜻한 감정을 느끼게 합니다. 적극적 경청을 하는 부모 밑에서 자라는 아이는 부모에게 애정을 느끼며 함께 지내는 행복감을 느낍니다. 고민을 들어주고 공감해 주는 부모가 있다는 데에 아이는 정서적 만족감을 느낍니다.

적극적 경청은 아이를 변화시키는 기술입니다. 이 기술은 아이의 말문을 열게 할 뿐만 아니라 아이에게 부모의 의견과 생각을 듣고 싶어지게 합니다. 아이의 말을 끝까지 들어주고 귀 기울여 준다면 아이는 자신과 함께 있는 부모에게 감사함을 느끼게 됩니다. 만약 아이가 부모의 말을 거역하거나 들으려 하지 않는다면 평소 부모가 아이의 말에 얼마나 귀를 기울이려 노력했는지 돌아보아야 합니다.

적극적 경청, 이것만큼 아이와 하나될 수 있게 하고, 아이와 소통하며, 아이의 말썽을 줄어들게 하고, 아이에게 정서적인 안정감을 찾게 하는 기술도 드뭅니다. 적극적 경청은 아이의 자립심을 기르고 부닥친 문제를 스스로 해결하고 결정하는 능력을 길러 주는 매우 효과적인 대화의 기술입니다.

▸ 수용

"많이 힘들었나 보구나."
"얼마나 슬펐니?"
"그런 일이라면 나도 화가 났을 거야."

이런 대화는 상대편의 입장에서 그 사람의 감정과 기분을 이해해 주고 수용하는 화법입니다. 이러할 때 아이는 말문을 열게 되고 자신의 생각을 펼쳐 나갑니다. 가령 아이가 숙제를 하기 싫다고 투덜거릴 때 "숙제가 많은 모양이구나", "그럼 쉬었다 하렴", "선생님이 너무 숙제를 많이 내주셨는걸" 하고 말하는 방식이 수용화법입니다. "너는 숙제만 하려고 하면 투덜대는구나", "그게 뭐가 많다고 그래", "하기 싫으면 그만둬" 하는 것은 수용화법이 아닙니다.

대화를 열어 가고 아이와 하나가 되기 위해서는 아이의 말을 일단 수용하는 기술이 필요합니다.

　　항상 중생을 수순하겠습니다. 진법계 허공계 시방세계에 있는 모든 중생을 수순하겠습니다. 태로 낳든 알로 낳든 출생의 차별 없이 수순하겠습니다. 몸의 형상이 어떻게 생겼더라도 차별하지 아니하고 그의 수명이 길든 짧든 나이가 많든 적든 차별하지 아니하고 수순하겠습니다. 부모와 같이 공경하며 스승이나 아라한이나 내지 부처님과 조금도 다름없이 받들어 섬기겠습니다. 중생을 수순함은 모든 부처님을 수순함이 되며 중생을 존중히 받들어 섬기면 여래를 존중히 받들어 섬김이 되며 중생으로 하여금 환희심이 나게 하면 여래로 하여금 환희하시게 함이오니 저희들은 모든 중생에게 부처님을 대하듯 공경하고 받들어 섬기겠습니다.

● 광덕, 보현행자의 서원, 수순분

수순은 우리가 마땅히 회복하여야 할 생명 내용입니다. 그러하기에 수용과 적극적 경청은 중생을 수순함이며 이 수순을 통해 아이는 자신이 가지고 있는 DNA, 무한 능력을 발현시킵니다.

불성 생명에
기초한 DNA

아이가 가진 DNA를 일깨우기 위해서는 어떻게 하는 것이 좋을까요?

가정이 왜 최고의 교육장일까요?

DNA는 어디에 기초해야 하나요?

정형화되어 가는 잠재력

국제노동기구의 자료에 의하면 약 2억 5천만 명의 어린 아이들이 노동력을 착취당하고 있습니다.

어린 나이부터 일을 하는데 어떤 아이는 5살 때부터 일을 하고 노동시간도 10시간을 넘게 하는 경우가 부지기수라는 것입니다.

아프리카 남동부 국가인 말라위 어린이들이 담배 재배에 동원돼

노동력을 착취당하고 있다. 하루 12시간씩 일하면서 시간당 1.7센트(약 21원)밖에 못 받는 노동 착취를 당하고 있는데, 담배 재배에 동원된 어린이 중에는 다섯 살 난 아이까지 포함돼 있다.

● 문화일보, 말라가는 말라위 아이들, 2009.08.25

잘살지 못하는 나라는 그렇다손 치더라도, 산업화가 된 나라들은 또 어떨까요? 먹을 것 풍족하고 입을 것 풍족한 아이들은 3~4세가 되면 부모를 벗어나야 합니다. 부모의 손에 이끌려 유치원이나 탁아소와 같은 사회교육기관에 맡겨지는 것입니다. 아이들은 정형화된 이 울타리 안에서 평생을 살아가기 위한 지혜와 인내를 배웁니다. 문제는 아이들이 어른이 되더라도 이 틀의 한계를 벗어나지 못한다는 것입니다.

정형화되어 가는 아이들

잠재적인 DNA를 일깨우기 위해서는 새로운 양육방식을 지향해야 합니다. TV에서 취재한 원시부족의 애환과 삶을 다루는 프로그램을 보면 문명사회와 다른 점이 많습니다.

외부 문명과 등지고 사는 원시부족의 어머니들은 하루 종일 아이와 같이 지냅니다. 숲 속을 돌아다니거나 일을 하거나 채취를 할 때도 아이를 데리고 다닙니다. 이에 반해 문명사회의 어머니들은 아이들과 함께 지내는 시간이 많지 않습니다.

두 양육방식에 따른 아이들은 변화는 어떨까요?

원시부족의 아이들은 덜 보채고 덜 울며 인정이 많습니다. 늘 어머니와 지내는 동안 따뜻한 모성애가 아이의 정서에 영향을 주기 때문이지요. TV를 지켜보다 보면 어쩌면 저렇게도 순박하고 착한 사람들이 있을까 할 정도니까요.

둘째로는, 원시부족의 아이들은 남과 더불어 살아가는 마음이 따뜻합니다. 그래서 외부의 세계를 안전하고 믿을 수 있는 곳이라고 인식합니다. 그도 그럴 것이 이들의 삶은 모두가 자연에 의지하고 있기 때문입니다. 자연이 삶의 터전이고, 교육의 장이며, 삶의 전부입니다. 자연 속에서는 이웃이 함께 삶을 영위해 나가야 할 동지이기 때문에 외부 사람들을 그런 시각으로 바라보는 것입니다.

이들은 긴 시간을 일하지 않습니다. 그저 두어 시간, 많아야 네댓 시간 정도입니다. 이것은 가족과 함께 지내는 시간이 많다는 것을 의미합니다. 그러기에 문명사회인이 생각할 수 없을 정도로 가족 간의 유대감이 강하게 형성되어 있습니다.

어쩌면 이들의 삶이 문명사회를 살고 있는 사람들보다 더 행복할지 모릅니다. 만족이 제일가는 부자라는 붓다의 말씀처럼 이들은 조그만 것에도 만족해 하고 행복해 하며 기뻐합니다. TV를 보다 보면 '이렇게 행복하게 사는 사람들도 있구나' 하는 생각이 들 정도니까요.

반대로 문명의 이기 속에서 사는 사람들의 삶은 긴 노동에도 만족하지 않고 부를 더 축척하기 위해 신체를 혹사하는 경우가 많습니다. 돈을 아무리 모아도 부족해 하고, 더 많이 가지려 탐심을 부립니다. 원시부족 사람들 보기에 민망할 정도지만 행복지수는 저들을 따라가지 못합니다.

원시부족 아이들은 늘 부모와 함께 지내지만 별반 꾸중을 듣거나 비난을 듣지 않는다고 합니다. 그러나 문명국의 아이들은 태어나면서부터 재촉 받으며 잘못하면 비난을 들으면서 성장합니다.

애버리진 원주민의 양육 철학은 유아기에 형성된 총체적 인격이 한 개인의 동기 부여와 의욕을 결정한다는 믿음에서 나온 것이다. 그렇기 때문에 유아기에 길러주어야 하는 것은 상호관련성이라는 것이다. 아이가 성장함에 따라 사회에 대한 의무를 깨우치게 되고 우주의 신비에 대해서도 알게 된다. 이런 환경 속에서 자란 애버리진 원주민들은 온화하고 느긋하다. 무력에 의존하는 서구식 방어 개념 같은 것이 그들의 머리에서 나올 수 없다.

●톰 하트만, 산만한 아이들이 세상을 바꾼다

"유아기에 길러 주어야 하는 것은 상호 관련성이다."
모든 사물은 홀로 존재하지 못합니다. 상호 관련성 속에서만이 존재합니다. 생성과 소멸 역시 관계성 속에 이루어집니다. 모든 것은 원인과 조건이 있어야 생겨나고 원인과 조건이 없어지면 소멸합니다. 이를 일러 불교에서는 연기법, 연기의 진리라고 말합니다.
아이의 DNA 역시 상호 관계성 속에 존재합니다. 좋은 환경, 좋은 부모, 좋은 친구 속에서 자란 유전형질은 훗날 좋은 결과를 얻어낼 수 있지만 그렇지 못할 경우에는 나쁜 결과를 초래합니다.

가정은 최고의 교육장

대개의 부모들은 아이가 잘하면 상을 주고 잘못하면 벌을 주는 것이 당연한 일인 것처럼 말합니다. 학교도 그랬습니다. 상벌은 가장 교육적인 행위로 치부되었고, 가장 빠른 교육적 처치라고 생각했습니다.

아이가 심부름을 잘 했을 때 돈을 주어 칭찬하는 경우를 볼까요? 돈은 일종의 강화의 효과가 있습니다. 돈을 주면 심부름한 것에 대한 불만을 토로하지 않습니다. 아이는 보상 때문에 심부름을 하게 되는 거지요.

가정은 일체감을 공유하는 곳이어야 합니다. 가족 구성원 모두가 지친 몸을 쉬고, 상처 받은 마음을 위로 받으며 에너지를 충전하는 곳이어야 합니다. 그러기에 아이들에게 가정은 상호의존적 관계성 속에 존재한다는 것을 가르칠 필요가 있습니다.

가정은 인간으로서 성장하고 보다 향상된 인격으로 성숙하기 위한 기초적 터전입니다. 거기서 부모와 형제와 조상과 함께하면서 인간이 가져야 할 품격을 이룩하여 가는 것입니다. 가정은 최상의 교육장입니다. 인간이 성장한 후에는 사회적 교육시설을 통하여 많은 지식과 기능을 배웁니다. 그러나 인간의 깊은 지혜, 능력, 자질, 품격 등은 성장 이후의 학교교육보다 유아기의 가정교육에서 이루어지는 것입니다.

● 광덕, 생의 의문에서 해결까지, 가정은 어떤 의의가 있는 것입니까

"가정은 인간이 가져야 할 품격을 이룩하여 가는 곳이다."

스님의 이 법문을 들으며 가정이 최고의 교육장敎育場임을 깨달았습니다.

행위를 지적하라

샘이는 늦잠을 잡니다.

"이 녀석아, 아직도 자냐? 해가 동천에 솟은 지가 언젠데."

"조금만 더 자고 일어날게, 엄마."

"5분 만이다. 지금이 7시 30분이야."

이렇게 시각을 알려 주는 것은 아이의 행위를 평가하거나 인격을 평가하는 것이 아니기에 거부반응이 없습니다.

동생과 싸우고 있을 때,

"싸우는 일은 나쁜 일이란다"라고 하기보다는 "동생과 싸우고 있구나" 하고 행위만을 지적해야 합니다. 그럴 때 아이는 '내가 지금 싸우고 있구나. 싸우는 것은 나쁜 일이지' 하면서 싸움을 멈추려 노력합니다.

나-메시지의 효과

어느 날 아이는 어머니와 공원 나들이를 나섰습니다.

공원에 이르자 노점 상인들이 즐비했습니다. 아이는 아이스크림을 파는 상인을 보자 떼를 쓰기 시작했습니다.

"엄마는 지금 이 아이스크림 때문에 기분을 상하고 싶지 않단다. 엄마의 기분을 나쁘게 하는 행위는 다음에 너랑 나들이를 갈 수 없게 만드는 거야."

아이는 어머니의 제안을 수용했습니다. 아마도 아이를 비난하고 훈계하였다면 긍정적인 효과를 기대하기 어려웠을 것입니다.

어머니는 포인트를 '너'에 두지 않고 '나'에 두었습니다. 상대를 변화시키기 위해서는 너-메시지가 아닌 나-메시지에 두어야 합니다.

잠재되어 있는 DNA, 자신감

2학년인 정수는 발표를 할 적마다 손을 깨뭅니다. 발표자로 지명되면 고개를 떨구고 머뭇거립니다. 발표를 해도 목소리가 얼마나 작은지 잘 들리지 않습니다.

자신감을 잃고 있는 정수, 선생님은 정수에게 발표 훈련을 시켰습니다.

"틀려도 좋아, 큰 목소리로 당당하게 해 봐!"

"좀더, 크게!"

"옳지, 바로 그거야. 틀리는 것은 전혀 문제가 되지 않아. 선생님도 학교 다닐 때 많이 틀렸거든."

정수의 발표력은 점점 증장되어 갔습니다. 손가락을 입에 갖다 대는 것도 줄어들었고 목소리도 커졌습니다.

발표를 잘하게 된 정수에게서 목격된 점은 이것뿐만이 아닙니다. 학급 일에 열심이고, 다른 아이에 대한 공감능력이 높아졌습니다. 교우관계가 개선되어 친구들이 많아졌습니다.

DNA는 어디에 기초하나?

캘리포니아 대학 심리학과 류보머스키Lyubomirsky 교수가 실험한 예가 있습니다. 그는 실험집단에 있는 사람들에게 말했어요.

"여러분들은 최고의 행운아입니다. 단 몇 주에 걸쳐 도달할 수 있는 자신의 최고의 모습을 생각할 수 있는 실험 대상자로 뽑혔기 때문입니다. 도달할 수 있는 자신의 최고 모습이란 모든 일이 잘 풀렸을 때 자신의 미래가 어떤 것인지 상상해 보는 것입니다. 여러분이 열심히 살고 최선을 다한 결과 삶의 목표를 다 성취했다고 가정합시다. 지금부터 꿈의 실현자, 잠재능력의 실현자가 자기 자신임을 인정하십시오."

류보머스키 교수는 실험집단의 사람들이 비교집단과 비견할 수 없는 우직한 추진력과 활동성, 그리고 강한 의지력을 나타냈다고 보고했습니다. 실험집단에 참가한 사람들은 자신을 최고로 올려놓으려는 시도를 글로 표현했는데, 이 과정에서 자신의 능력을 발견하게 된 것입니다. 이 능력이 밖에서 주어진 것이 아니라 이미 자신 안에 내재된 천부적 DNA라는 것을 발견하게 된 것입니다. 그러면서 자신의 능력이 돈이나 배우자, 행운 등에 달려 있지 않음을 깨닫게 된 것이지요.

이것이 전생의 DNA입니다. 앞으로도 실험집단의 사람들은 비교집단의 사람들보다 훨씬 월등하게 이 유전인자를 어떻게든 발현하여 사용하게 될 것입니다.

아이들이 가지고 있는 잠재력은 무한대입니다. 이 무한대의 능력을 어디에 기초해야 할까요?

스님은 이렇게 선언합니다.

진리의 가르침에 기초한 가정에서 재능과 인격의 원만한 성장을 기대할 수 있다. ▪광덕, 앞의 책, 가정은 어떤 의의가 있는 것입니까

"진리의 가르침에 기초하라."

이것입니다. 존재의 의미, 아이교육의 목적이 오로지 여기에 있어야 합니다. 진리가 무엇입니까? 불성의 발현 아닙니까? 부처님 생명의 발현이 아닙니까?

아이를 공부시켜야 하는 이유가 이것이어야 하고 우리가 살아가야 하는 삶의 의미가 이것이어야 합니다. 세상의 모든 것은 항상함이 없어 의지할 바 못 되지만 붓다의 진리만은 영원하기 때문입니다.

전생의 DNA를 깨우는 힘

웃음은 표정을 밝게 하고 운명을 밝은 곳으로 끌고 갑니다. 생각을 바꾸고 의식을 바꾸며 밝은 기운을 불어넣어 운명을 바꾸어 줍니다. 그러기에 웃음 치료사들은 "웃음은 인생을 좌우한다"라고까지 말합니다.

스님은 말씀합니다.

쾌활은 빛이고 우울은 어둠이다. 쾌활과 우울은 공존하지 못한다. 쾌활해지면 우울이 사라지고 우울해지면 쾌활히 사라진다. 쾌활하게 살자. 크게 웃고 살자. 우울해지면 웃음을 터뜨리자. 마음 밝은 사람에게는 행운이 따라붙고, 어두운 사람에게는 불운이 따라붙는다.
● 광덕, 불광법회요전, 법등일송

운명을 바꾸는 불성

운명은 개척하는 것입니다. 운명에 끄달려 가는 것이 인생이 아닙니다. 운명을 변화시킬 수 있는 힘, 이 힘이 불성(佛性) 입니다. 불성은 우리를 죽음의 사슬에서 구원해 주고 무지함의 때를 씻어 주며 밝고 행복한 삶으로 인도합니다.

불성이 무엇입니까? 부처님의 성품, 부처님의 위신력, 부처님의 무한 구원의 메시지 아닙니까?

그러하기에 스님은 이렇게 말씀합니다.

조용히 눈을 감고 생명의 소리에 귀를 기울이자. 보이지 않는 나의 생명, 나의 마음이 행복을 만들고 건강을 만들고 행운을 만들고 환희를 만들고 성공을 가져온다. 나의 마음, 나의 생명은 부처님의 끝없는 자비와 지혜와 위신력으로 바다처럼 출렁거리니 이 축복에 합장하고 이 은혜에 감사하자. 이 사람이 복을 누린다.

● 송암, 광덕스님 시봉일기, 환생

"내 생명 부처님 무량공덕생명!"

스님은 항시 이렇게 선언하라고 이릅니다.

이 말은 천지를 뒤흔드는 인간 생명의 선언입니다. 이 선언이야말로 아이가 가진 전생의 DNA를 일깨우는 동력원입니다. 교육자이며 불교계의 석학인 김재영 박사의 말이 이를 뒷받침하고 있습니다.

'내 생명 부처님 무량공덕생명'

이것은 참으로 경이로운 '인간 선언', '인간생명 선언'이라 할 것이다. 광덕 사상을 대변하는 반야일구般若一句이다.

이 반야일구는 수십만 년 인습되어 온 낡고 병든 인간상을 한 찰나에 타파하고 푸른 하늘의 태양같이 인간 존재의 존엄성과 창조성을 위없이 드높이는 인간관人間觀, 인생관人生觀이라고 생각된다. 이 인간관에 의하여 '죄인', '피조물', '경제적 동물', '잠재의식의 투사체', '업보중생'— 인간 존재를 규정하고 인간 가치를 한정시켜 온 일체의 구관념舊觀念들이 산산이 부서졌다.

● 김재영, 광덕스님의 생애와 불광운동, 반야정견의 실제적 적용

긍정적인 아이 만들기

아이를 훌륭히 잘 키우려면 아이에게 무한한 긍정적인 메시지를 보내야 합니다.

"우리 아이는 오늘도 행복한 삶을 살 거야. 남에게 필요한 사람이 될 거야. 우리 집 기둥인걸."

이렇게 자녀를 믿어 주고 뇌일 때 긍정의 물결이 전달되어 아이는 그대로 따라갑니다. 그래서 부모는 아이를 바라볼 때 천사처럼 웃어 줄 마음 자세가 되어 있어야 합니다.

부모가 긍정적일 때 아이도 긍정적으로 자랍니다. 부모가 부정적이라면 아이도 부정적으로 성장합니다. 그도 그럴 것이 긍정적인 가정에서 자란 아이의 경우 부모에게서 늘 긍정적인 시각을 배우고, 그런 긍정의 힘으로 변화되는 일상을 경험하였습니다.

부모가 아이 앞에서 불평불만이나 늘어놓고 남을 비난하고 짜증만을 부린다면 아이 역시 부모를 닮아갈 수밖에 없지요. 비난받고 자란 아이가 그렇지 않은 아이보다 남을 비난하고, 범죄자로 전락할 가능성이 높다는 것은 널리 알려진 사실입니다.

그럼 자신의 운명을 전환하기 위해서는 어떤 노력이 필요할까요?

● 하고자 하는 일을 부정적으로 말하지 않도록 하라

"나는 달리기를 못한다"라는 말 대신 "나는 달리기를 잘한다"라고 말하는 것이 아이가 달리기를 좋아하게 하고 잘하게 하는 기술입니다. 잘한다는 메시지를 들으면 열심히 달리기 연습을 하지만 못한다고 선언한 아이는 연습조차 지겨워합니다.

스님은 이렇게 서원해야 한다고 이릅니다.

> 중생과 세계의 나타난 현상이 아무리 거칠고 부정하게 보이더라도 실상은 청정하고 원만하오니 저는 반드시 중생과 세계의 실상을 찬양하고 긍정하는 말을 하겠습니다. 참된 진리의 모습을 깊이 믿고 그대로 말하는 것이 실상의 말이며 참된 말이며 올바르게 찬양하는 말인 것을 깊이 믿습니다. 그리고 이와 같이 믿고 찬양하는 참말은 위대한 성취력을 지니며, 찬양하는 행원은 이것이 이 세상에 평화와 번영과 청정과 협동을 실현하는 심묘한 작법임을 믿습니다.
>
> ● 광덕, 보현행자의 서원, 찬양분

성공을 상상하게 하라

세계적인 곡예사 칼 발렌다. 그는 줄을 탈 적마다 성공을 거두었습니다. 그러나 안타깝게도 줄에서 떨어져 목숨을 잃었습니다. 그의 아내는 그가 공연 3개월 전부터 "이번 공연은 정말 잘해야 하는데 잘해 낼 수 있을까?" 하면서 자기비하의 징후를 보이기 시작했다고 증언했습니다.

'하면 된다'는 말이 있지요. 이 말은 좋은 기운을 가져다 주는 부적과 같습니다. 하면 된다고 선언하는 순간 우리의 의식은 성공 쪽으로 힘을 발동하니까요. 힘을 발동하는 순간 깊숙이 잠재된 DNA는 깨어나고 성공을 향한 질주가 시작됩니다. 인간의 본성이 본래 그런 것이기에, 무한능력을 소유했기에 그런 것입니다. 스님도 이 원리에 기초하여 평생토록 후학들을 지도했습니다. 스님의 서원을 들어봅니다.

이 국토는 원래로 부처님 공덕이 넘쳐 있습니다. 설사, 중생들이 미혹해서 잘못 보고, 잘못 생각하고 고통을 느끼더라도 실로 우리와 우리의 국토가 부처님의 광명국토임은 변하지 않았습니다. 거룩한 광명과 거룩한 공덕이 영원히 변함없이 이 세계를 감쌌고 그 속에 온 중생이 끝없는 은혜를 지닌 채 약여躍如합니다. 일체 중생의 본성이 불성이므로 온갖 중생의 생명이 부처님의 공덕생명임을 믿사옵니다. 허공계가 다하고 중생계가 다하고 중생의 없이 다하고 중생의 번뇌가 다하더라도 나의 생명 행원은 다함이 없습니다.

● 광덕, 앞의 책, 서분

긍정적인 다짐을 하게 하라

뜀틀운동 시간, 소영이는 번번이 주춤거립니다. 한 시간이 끝나도록 뜀틀을 넘지 못했습니다.

선생님이 이유를 물었습니다.

"저는 도저히 넘을 수 없을 것 같아요."

"그렇구나."

선생님은 소영이가 자신감이 결여되어 있음을 알아냈습니다.

"소영아, 지금부터 선생님을 따라 해 봐!"

"난 넘을 수 있다."

"난 넘을 수 있다!"

그러나 여전히 뜀틀 중앙에서 멈추었습니다.

"여기를 잡고 뜀틀 너머 쪽에 시선을 두고 넘을 수 있다는 다짐을 해, 그리고 뛰어!"

몇 차례 더 실패를 했지만 마침내 성공했습니다.

"옳지 그거야!"

긍정적인 다짐은 이렇게 아이를 성공으로 이끕니다. 긍정적인 다짐은 전생의 DNA를 일깨우는 묘약입니다.

인간의 삶은 끝없는 도전과 응전의 반복입니다. 영국이 낳은 위대한 역사가 아널드 토인비 Arnold J. Toynbee 는 고통과 시련이 없는 사회에서는 문명이 태동하고 발전하지 못한다고 했습니다. 척박한 환경 속이라야 위기를 극복하는 능력이 생긴다고 했습니다.

절대적 긍정, 성공할 수 있다는 믿음, 긍정적 다짐.

이것은 큰 힘을 발휘하게 하는 요소이며 기술입니다. 그러나 이 요소 앞에는 항시 난관이 기다리고 있습니다. 그렇지만 이 난관은 지혜로운 아이들에게는 토인비의 말대로 강한 의지력을 길러 주고 저항력을 강화시켜 주며 직관의 능력을 키워 줍니다. 본래부터 가지고 있던 전생의 DNA가 성숙하는 것이지요.

Part 7
DNA 발현과 부모의 태도

아이들은 일방적인 부모의 강요 때문에 떠납니다. 부모가 통제하려 할수록 부모의 곁을 떠나려 합니다. 아이를 움직이게 하려면 공감대가 형성되어야 합니다. 아이의 마음을 읽어주는 공감, 이는 기적을 만들어내는 놀라운 기술입니다. 5년이 넘도록 닫혀 있던 원진이의 마음을 열게 한 놀라운 기적이 다름 아닌 공감이었습니다.

수용과 비수용

부모의 감정코칭

사람들은 부모가 되면 '이런 부모가 되어야 해' 하고 생각하면서 새로움을 연출하려고 합니다. 그러나 이런 생각들로 인해 이성과 현실을 망각한 채 새로운 사람이 된 양 행동양식이 바뀝니다.

부모가 되는 순간 아이를 위해 특별한 위치에 있다고 생각하고 무언가 하지 않으면 안 된다는 조급함과 책임감에 사로잡힙니다. 언제나 공정하고 정의로워지려 함으로 인해 자신이 행해 왔던 기존의 가치의식이 흔들립니다.

그래서 절대적으로 합리성이 있어야 한다고 생각하고 아이들 앞에서의 실수를 용납하려 들지 않습니다. 이런 모습을 접한 아이들은 '우리 엄마는 대단히 도덕적이고 훌륭한 사람'이라고 생각합니다. 그러나 자세히 들여다보면 아이들은 위선을 부리는 부모를 좋아하는 것이 아니라, 인간으로서의 부모를 좋아할 뿐입니다. 다시 말해 사실 그대로의 부모의 모습을 좋아하는 것이지, 훌륭한 모습을 보여 주려고 연기하는 부모를 좋아하는 것이 아닙니다.

사람은 긍정적인 면과 부정적인 면을 가지고 있지요. 좋은 부모가 되기 위해 꼭 일관성을 유지해야만 하는 것은 아닙니다. 그러니까 아이들에게 항상 같은 행동을 취할 필요는 없다는 거지요. 시간과 장소, 상황에 따라 다른 행동을 취해야 하는 경우가 많습니다. 그러기에 부부가 아이에게 보내는 메시지 역시 항시 같을 필요가 없는 것입니다.

행동 수용의 방법

부모는 아이들의 행동을 어디까지 수용하는 것이 올바른 것일까요?

아이를 바라보는 시각이 부부가 서로 달라도 좋습니다. 단지 부모 자신이 어떤 감정을 가지고 아이를 바라보는지가 중요할 따름입니다.

어느 날 스승이 외출하고 없을 때 제자는 노래를 부르고 싶었습니다.

군대 생활에 대한 생각도 나고 해서 머릿속에서 떠오르는 대로 군가를 부르고 싶었다. 소대 회식 때 즐겨 불렀던 유행가를 불러보았다. 한참을 부르다 보니 제 흥에 취해 나는 다듬이 방망이를 마이크 삼고 일어서서 신나게 불러댔다. 공양주 할머니가 짝짝 박수까지 맞춰 주니 더욱 기분이 도도해졌다. 혼자서 한 시간이나 노래를 불렀다. 내가 기고만장하여 있을 때 그만 하늘이 무너지는 일이 벌어졌다. 서울 대각사에서 머물 것이라고 하셨던 스님께서 돌아오신 것이다. 부를 만한 노래를 다 한 번씩 불러 지쳐 떨어졌을 때가 되어서야 나는 스님이 돌아온 사실을 알았다. 평소 같았으면 인기척을 내시곤 했는데 그날은 기척 없이 방으로 들어가신 것이다. 그러니 스님은 중간쯤부터는 내 노래를 다 들으셨을 것이다. 무섭고 창피하고 부끄러워 미칠 것만 같았다.

그런데 그 다음 날 스님은 가만히 건너다보면서 빙그레 미소만을 지으셨다.

● 송암, 광덕스님 시봉일기 제1권 · 내일이면 늦으리

이 일화에서 스승은 출가수행자의 모습이 아니라며 제자를 나무랄 수도 있었지만 빙그레 미소를 지으며 제자의 행동을 수용했습니다. 그때 만약 스승이 귀한 손님과 함께 왔다면 짐짓 꾸중을 내릴 수도 있었을 것입니다.

이렇게 행동수용은 상황에 따라 달라집니다. 아래에서는 부모가 어떻게 아이의 행동을 수용하는지를 보여 줍니다.

문제 상황   아이가 축구를 하고 들어왔다. 옷에 흙이 묻고 더럽혀져 있다.

부모의 수용범위

아이의 행동에 따른 부모의 수용범위를 그림으로 나타낸다면 다음과 같습니다.

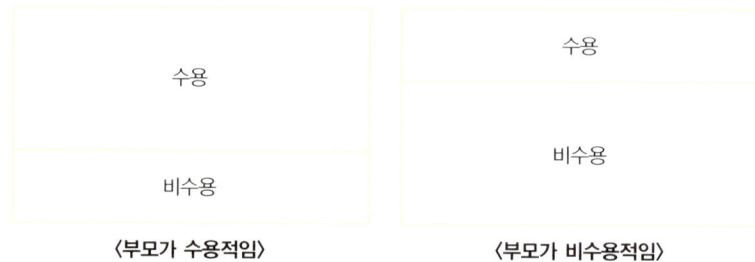

〈부모가 수용적임〉　　〈부모가 비수용적임〉

가. 수용적인 부모의 경우
- 평소 아이에 대해 지극히 너그럽다.
- 기분 상태가 좋다.
- 평소 아이의 건강이 약하다.
- 늘 아이와 친근감 있게 지낸다.
- 아이가 스스로 옷을 세탁한다.
- 아이에게 언제나 신뢰를 보낸다.

나. 비수용적인 부모의 경우
- 늘 옷을 지저분하게 입고 다닌다.
- 옷을 벗어 아무 데나 놓는다.
- 기분이 별로 좋지 않다.
- 아이에게 신뢰감이 없다.
- 부모와 친근감이 형성되어 있지 않다.
- 부모가 너그럽지 못하고 짜증을 잘 낸다.

◦ 수용과 비수용의 차이

아이의 행동을 수용하는 부모가 옳고, 비수용하는 것은 나쁘다고만 단정할 수는 없습니다. 또한 아이의 행동을 수용하는 일은 나쁜 일이며 비수용하는 일이 옳다고 할 수도 없습니다.

다음과 같은 다양한 상황의 논리가 전개되고 있기 때문이지요.

- 아이가 늘 집에만 틀어박혀 있다가 밖에 나가 축구를 하고 돌아왔다면 대부분의 부모들은 수용적인 태도를 보입니다. 그러나 매일 숙제도 안 하고 돌아다니던 아이라면 비수용적인 태도를 보입니다.
- 아이가 부모와의 신뢰관계가 돈독하다면 부모는 수용적인 태도를 보이지만 거짓말을 자주 하고 기대에 어긋나는 행동을 했다면 비수용적인 태도를 보입니다.
- 아이가 시험에서 100점을 받아온 뒤 축구를 하다 옷을 더럽히고 왔다면 수용적인 태도를 보이지만 50점을 받아왔다면 비수용적인 태도를 보입니다.
- 평소 싸움을 잘하는 공격적인 아이와 비공격적인 아이에 대한 수용 태도가 다릅니다.

아이가 축구를 하다가 옷을 더럽힌 상황에서 어떤 날에는 수용적이고 어떤 날에는 비수용적일 경우가 있는데, 이런 상황에서 어떤 부모는 일관성을 보이지 못한 것에 대한 죄책감을 갖는 경우가 있습니다. 그러나 그럴 필요가 없습니다. 상황에 따라 똑같은 행위를 하고 왔더라도 수용할 경우가 있고 비수용할 경우가 있으니까요.

문제 상황	시험이 있기 전날, 아이가 축구를 하고 들어왔다. 옷에 흙이 묻고 더럽혀져 있다.

- **똑같은 상황이 되풀이될 경우**

아이의 행동에 따른 부모의 수용범위를 그림으로 나타낸다면 다음과 같습니다.

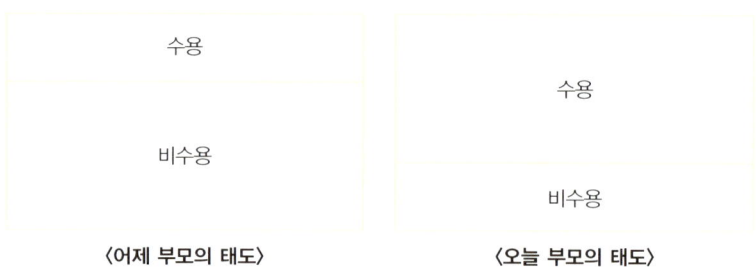

〈어제 부모의 태도〉　　　　〈오늘 부모의 태도〉

어제의 경우, 아이는 시험을 앞두고 있습니다. 이럴 경우 아이의 행동을 수용한다는 것은 불가능합니다. 축구보다 더 중요한 것이 시험 공부일 테니까요.

오늘의 경우, 시험이 끝났습니다. 이런 경우 축구하는 것이 시험 공부하느라 소진한 체력은 물론 정신적인 휴식을 회복하는 데 도움을 주기에 수용합니다.

이렇게 상황에 따라 얼마든지 부모의 마음은 '수용', '비수용' 사이를 오갑니다.

- **수용과 비수용의 관계성**

아이의 행동을 보고 어떻게 하는 것이 바람직한 것일까요?

문제 상황	부모가 외출한 사이 라면을 끓여 먹었다. 그리고는 주변을 치우지 않고 밖으로 놀러 나갔다.

어머니 : "도대체 이게 뭐냐? 엄마만 없으면 만날 라면만 끓여

　　　　　먹고. 라면을 끓여 먹었으면 그릇이라도 깨끗이 씻어
　　　　　놓아야 되지 않겠니?"
아버지 : "참 잘했구나. 배가 고픈 것을 해결할 줄 알고. 제법인
　　　　　걸? 엄마 아빠가 없으면 혼자서 식사를 해결할 수도 있
　　　　　어야지. 여보, 우리 아이 기특하지 않아요?"

　　　　　　　수용　　　　　　　　　　　　　　수용

　　　　　　비수용　　　　　　　　　　　　　비수용

　　　　　〈어머니의 태도〉　　　　　　　　〈아버지의 태도〉

　이렇게 한 상황을 놓고 어머니와 아버지는 다른 태도를 보이고 있습니다. 다른 태도를 보이는 것은 순전히 개인적인 문제지요. 이 경우 가장 바람직한 것은 부부가 입장 차이를 좁히는 것입니다. 그런 다음 아이에게 입장을 전달하는 것입니다.

　　＊수　용 : 라면을 끓여 먹은 일(엄마가 양보)
　　　　　　　식사를 해결하느라 수고한 일
　　＊비수용 : 주변 정리 정돈(아빠가 양보)

　그러나 어머니와 아버지가 서로 양보할 수 없는 경우도 있겠지요. 그러면 서로의 입장 차이를 아이에게 전달하는 것입니다. 그렇게 되면 가치관의 혼란에 빠지게 될 것이라고 우려하는 부모가 있지만 그렇지 않습니다.

* 아버지의 수용적 태도에 대해 : 부모님이 안 계실 때 끼니를 해결하는 일은 잘한 일이다.
* 어머니의 비수용적 태도에 대해 : 끼니를 해결하면 뒷정리를 잘 해야 한다.

그렇지 않고 한쪽이 전적으로 양보를 한다면 상황은 다르게 전개됩니다. 부모 한쪽이 가식적인 행동을 취해야 하니까요. 가식적인 행동은 언젠가는 드러납니다. 가령 어머니가 원거리를 외출했다면 아버지는 똑같은 상황을 그냥 간과할 것이기 때문입니다. 또한 아버지가 출타 중이라면 어머니는 그대로 행동할 가능성이 높기 때문입니다. 이 과정에서 아이가 혼란에 빠지게 되는 거지요.

부모가 거짓으로 아이의 행동을 수용할 때

아이들 역시 표정을 보고 금세 상대방의 기분을 읽어냅니다. 아이의 행동을 수용할 수 없을 때 대개가 얼굴을 찌푸리거나, 목소리가 변하거나 짜증어린 표정을 짓는다거나, 화가 난 표정을 짓습니다. 그러면 아이는 부모가 자신의 행동을 싫어하고 미워한다는 생각을 갖게 됩니다.

아이들이 싫어하는 것 중의 하나가 속으로는 수용하지 않으면서 겉으로 수용하는 척 하는 부모의 행동입니다. 이럴 경우 아이는 자신이 소외되고 있다는 생각을 갖게 되지요.

부모는 아이에게 정직해야 합니다. 아이가 한 행동을 수용할 수 없을 때 이러저러해서 수용할 수 없다는 메시지를 전하는 당당한 모습을 보여 주어야 합니다.

이것이 부모가 아이를 받아들이는 일이고 아이가 부모를 이해하는 길입니다. 그렇지 않고 무턱대고 수용한다거나 비수용한다면 아이는 혼란에 빠지게 됩니다.

분명한 사실 하나

앞서 아이의 행동에 따른 부모의 행동양식을 살펴보았습니다. 분명한 사실 하나는 부모도 감정이 항상 같을 수만은 없다는 사실입니다. 아이의 행동에 대해 어떤 때는 좋게 느껴지고 어떤 때는 나쁘게 느껴집니다. 아이의 같은 행동에 대한 반응을 일관되게 할 수 없는 이유지요. 아이가 이런 사실을 인정하게 되면 아이 교육에 성공할 터전이 마련되는 셈입니다.

아이는 부모의 감정에 잘 적응해야 하며 상황에 따른 행동을 취사선택하는 능력을 발휘할 줄 알아야 합니다. 이렇게 말이지요.

- 내일이 시험이니까 축구를 하면 부모님께 꾸중을 듣겠지?
- 오늘은 시험이 끝났으니까 축구시합을 하다 옷을 더럽혀도 체력 단련했다며 부모님이 좋아하실 거야.

누구의 문제인가

문제 상황 아이가 노는 데만 정신을 팔다 보니 숙제를 하지 못했습니다. 결국 미완성된 숙제를 가지고 학교에 가야만 했습니다.

이런 상황에서 많은 부모들은 안달을 합니다. '아이가 숙제를 못해 가서 실력이 떨어지는 것 아냐? 선생님께 야단을 맞는 거 아냐? 선생님께 좋지 않게 각인되면 어떡하지? 선생님이 무관심한

부모라고 하면 어떡하지? 아이가 다른 아이들에게 놀림감이 되는 것은 아닐까?'

이런 경우 부모가 해결해야 할 문제는 무엇일까요?

- 다음부터는 아이가 숙제를 하는지 안 하는지 살펴본다.
- 선생님께 전화를 하여 사정을 전한다.
- 아이가 숙제를 잘할 수 있도록 조력한다.

그러나 다음과 같은 경우는 부모의 문제가 아니라 아이의 문제입니다.

- 실력이 떨어진다.
- 선생님께 야단을 맞는다.
- 친구들에게 놀림감이 된다.
- 놀기를 너무 좋아한다.
- 잠이 많아 숙제를 제대로 못한다.

아이가 해결할 문제를 가지고 부모가 걱정하는 것은 좋지 않습니다. 예컨대, 입학시험에서 낙방했다면 이것은 순전히 아이의 문제이지 부모 문제가 아닙니다.

이런 사실에 기초해 볼 때 다음과 결론을 낼 수 있습니다.

- 어른들은 물론 아이들도 항상 문제를 가지고 있다.
- 아이들은 모두가 자신의 문제를 해결할 능력을 가지고 태어난다. 이런 문제를 해결하면서 살아가는 것이 인생이다.

- 아이들의 문제를 부모가 해결해 주는 것은 옳지 않다. 그렇게 되면 부모에게 쉽게 의존한다.
- 아이의 문제를 부모가 떠안고 살 수는 없다. 부모도 할 일이 있고, 아이도 헤쳐 나가야 할 난관이 있다. 이 난관을 뚫고 나갈 때 아이는 한결 성숙한 삶을 살게 된다.
- 아이가 문제를 풀어 나가는 모습에서 부모는 아이에게 신뢰감을 갖게 되고 부모의 역할을 깨닫게 된다.
- 부모의 도움이 필요하다면 조력자로서의 위치에 있어야 한다. 가장 좋은 조력은 적극적 경청과 조력기술이다. 적극적 경청은 아이의 말문을 열게 하고 아이와 공감대를 형성할 수 있고 아이와 하나가 될 수 있게 한다. 조력기술은 아이의 문제가 무엇인지 진단해 주고 아이가 문제를 해결할 수 있도록 돕는다.

이렇게 된다면 가정은 붓다가 말씀한 '아름다운 꽃동산'이 될 것이고, 공동체로 구성된 행복한 가정이 약속될 것입니다.
스님은 이렇게 말씀합니다.

가정은 사회와 인류에게 봉사하는 기초적 수행 장소입니다. 존중하고 받들고 사랑하며 조건 없이 베풀고 돕는 기본적인 보살의 생활을 배우는 곳입니다. 진리의 가르침에 기초한 가정에서 재능과 인격의 원만한 성장을 기대할 수 있습니다.

● 광덕, 생의 의문에서 해결까지, 가정은 어떤 의미가 있는 것입니까

보살의 생활, 스님이 말씀하는 보살의 생활이야말로 아이와 부모를 한 단계 성숙시키는 수행의 방식입니다. 스님은 말씀합니다. "진리의 가르침에 기초하라". 이 말은 아이가 가진 무한절대의 가치를 존중하라는 불교의 기치를 설한 것입니다. 스님께서 말씀하듯 가정은 가장 기초적인 수행의 장소입니다. 세상의 모든 것은 가정에 기초하고 있습니다. 가정은 어른과 아이가 공존하며 쉴 수 있는 삶의 안식처입니다.

스님은 말씀합니다.

가정환경이나 정신환경이 어둡고 불안할 때 인간은 회복될 수 없는 중대한 손실을 입게 된다.

● 광덕, 앞의 책, 가정은 어떤 의미가 있는 것입니까

화 끌어안기

아버지의 가출

다솔이네 집에서 소란이 벌어졌습니다.

"이 녀석 좀 봐라, 감히 아빠한테 덤벼?"

"아빠면 다예요? 제발 아빠 마음대로 하지 마세요. 저도 6학년이란 말예요."

"6학년이나 된 녀석이 이래도 되는 거냐?"

"에이, 젠장."

아이가 거칠게 나오자 참다 못한 아버지는 뺨을 한 대 올려붙였습니다. 아이는 현관문을 박차고 나갔습니다.

출근한 아버지는 일손이 잡히지 않았습니다. 몸이 후들거렸습니다.

'이 녀석이 감히 덤볐겠다. 분해서 살 수가 없어. 애비 없이 살아봐라.'

아이에게 충격을 받은 아버지. 마침내 보따리를 싸 들고 집을 나갔습니다. 아버지의 가출입니다.

'어린 나이에도 저 모양인데 앞으로 더할 것 아닌가?'

매일 술로 지내며 살아서 뭐하나 하는 생각에 그만 죽어버릴까 하는 마음을 갖기도 했습니다. 수면제를 사 모으기도 하고 물가를 서성이기도 했습니다.

감정 다스리기

나를 둘러싼 일이나 사람들이 나를 나쁘게 대하더라도 그것을 탓하기에 앞서 원인이 자신에게 있다는 것을 깨달아야 한다. 마음의 상태는 거울 속에 비치는 물과 같다. 내 마음의 상태가 나의 신변에 나타난다. 마치 거울을 보고 자신의 모습을 가다듬듯이 환경을 대하고, 스스로 반성하여 마음을 밝게 가꾼다면 우리의 환경도 스스로 바뀌고 만다.　●광덕, 반야의 종소리, 결코 성내지 않으리

방황하던 어느 날, 한 생각이 섬광처럼 뇌리를 스쳤습니다. 자신을 바꾸면 아이가 바뀔지 모른다는 생각이었습니다. 순간 답답하던 체증이 시원스레 뚫리는 듯했습니다.

아버지는 모든 문제를 원점으로 돌리고 문제를 자신에게서 찾기 시작했습니다.

"나를 둘러싼 일이나 사람들이 나를 나쁘게 대하더라도 그것을 탓하면 안 된다. 원인은 자신에게 있는 것이다. 내 마음 상태가 신변에 나타나는 것이다."

원인이 자신에게 있다는 것을 깨달아야 한다는 스님의 가르침. 스스로 반성하여 마음을 밝게 가꾼다면 환경이 바뀌게 된다는 장쾌한 가르침이 시원한 빗줄기가 되었습니다.

아버지는 열흘 만에 보따리를 챙겨 집으로 들어갔습니다. 참회와 더불어 아이를 이해하기 시작했고 좋은 아버지가 되겠다고 서원했습니다. 그러자 아이 역시 조금씩 마음을 열기 시작했습니다. 날마다 아이와 하나가 되어 갔습니다. 아버지는 아이가 잠든 방을 향해 108배를 올리며 감사기도를 드렸습니다.

나에게 거칠게 대하는 사람들은 나에게 영혼의 양식을 주려고 나타나신 관세음보살의 화현이라 볼 수 있다. 남의 잘못을 보고 그가 바뀌기를 바라기에 앞서 자신의 마음자세가 바뀌어야 한다. 중생이 없으면 한 보살도 성불하지 못한다는 경의 말씀을 생각하라.

● 광덕, 빛의 목소리 1, 창조자의 마음자세

거칠게 나오는 아이가 영혼의 양식을 주려고 나타난 관세음보살이라니. 이 사실에 의심을 품는 사람들이 있겠지요. 그런 부모에게 스님은 아이를 바꾸려 하지 말고 자신을 바꾸라고 말씀합니다. 중생이 없으면 한 보살도 성불하지 못한다는 붓다의 가르침을 생각하라고 말씀합니다.

사람들은 소소한 것에 걸핏하면 화를 내곤 합니다. 축구를 하다 옷을 버리고 와도 화를 내고, 밥을 제때 안 먹는다고 화를 내며, 텔레비전을 오래 본다고 화를 냅니다. 가만히 들여다보면 아이들의 일상 모두가 어른들의 화풀이 대상이 됩니다.

화를 내면 관계가 좋아지고 아이의 실력이 증장되며 행동이 좋아져야 하는데 전혀 그렇지 않습니다. 화를 냄으로써 DNA는 생채기로 얼룩지고 골만 깊어집니다.

가람 : 우리 아버지는 화가 나면 앞뒤를 가리지 않아요. 물건을 마구 집어던지고 내 책을 찢기도 했어요. 난 그때 집을 나가고 싶었어요.
도담 : 어머니는 툭하면 바보같이 그것도 못하느냐며 꾸짖었어요. 심지어는 제 뺨을 때리기도 했어요. 어머니가 나에게 화를 낼 때면 죽고 싶은 마음도 들어요.
누리 : 어머니는 며칠 동안 아무 말씀도 하지 않으셨어요. 말씀이 없으니까 대화를 할 수가 없었어요. 정말 미칠 것만 같았어요.
보람 : 어머니는 한번 화를 내면 끝이 없어요. 그때는 제 귀가 먹어버렸으면 좋겠다고 생각했어요.
하늘 : 아버지가 술을 먹고 오시면 온 식구가 비상이에요. 이런 아버지라면 없는 편이 낫겠다고 생각했어요.

아이들의 머릿속에 남아 있는 부모의 상입니다. 부모가 화를 낼수록 아이는 더 뛰쳐나가려 하고 부모를 벗어나려 합니다. 스님은 이렇게 말씀합니다.

이렇게 생각하라.
'저 사람은 나쁜 사람이 아니다. 나를 새롭게 하고 향상시킬 교

훈을 가지고 내 앞에 나타난 보살이다.'

　마음을 비워 진리이신 부처님의 공덕세계로 향했을 때, 일체 장애를 극복하는 지혜와 용기를 얻게 된다.

●광덕, 반야의 종소리, 문제는 향상의 과제

"거칠게 반항하는 아이가 나를 새롭게 향상시킬 교훈을 가지고 나타난 보살이다."

　이 장쾌한 법문을 들으면서 나는 내 집의 아이, 출근길에 만나는 아이, 내가 근무하는 학교의 아이들을 떠올립니다. 그 해맑은 얼굴을 떠올리며 부모의 길, 스승의 길, 교사의 길이 어떤 것인지를 깨닫습니다.

　화가 났을 때는 따지든가, 이유를 캐묻든가, 위협을 가한다거나, 도덕성을 들먹이는 것으로 아이의 행동을 교정할 수 없습니다. 화가 난 감정angry feelings을 몰아내야 아이를 껴안을 수 있습니다.

정수 : 내가 친구에게 욕하는 말을 어머니가 지켜본 후 어머니는 이렇게 말씀했어요. "착한 아이들은 고운 언어를 쓰지 결코 친구를 험담하는 말은 안 쓴단다. 나중에 너의 아들이 그렇게 상스러운 말을 쓴다면 어떤 생각이 들겠니?" 어머니의 말에 저는 답변을 하지 못했어요. 욕을 하는 것은 친구 간에 금이 가고 좋지 않은 영향을 준다는 것을 깨달았거든요.

준영 : 내가 컴퓨터 게임에 빠져 있을 때 아빠가 빙그레 웃으며

이렇게 말씀했어요. "무척 재미있는가 보구나. 어디 보자." 아버지는 컴퓨터 화면을 보며 응원을 해 주셨어요. 게임이 끝나자 아버지는 말씀했어요. "게임이 즐겁지? 그렇지만 사람은 게임에 그렇게 매달릴 시간이 많지 않지. 열심히 살아도 시간이 부족하거든. 앞으로는 게임에 열중하듯이 모든 일에 열중해 봐!" 나는 이렇게 말씀하는 아버지가 좋았고 게임을 하는 횟수를 줄일 수 있었어요.

보람 : 어느 날인가 학교 운동장에서 축구를 하다가 진흙탕에 넘어지고 말았어요. 옷이 완전히 흙투성이가 되었어요. 얼굴에도 흙이 덕지덕지 묻었고요. 이 모습을 본 어머니는 빙그레 웃으며 말씀했어요. "신났겠는걸? 멋진 추억이 되었겠구나? 엄마도 남자로 태어났으면 그런 추억을 만들어 보는 건데." 나는 어머니가 있다는 것이 너무나 행복했어요.

화나는 것은 당연하다?

혹자는 아이를 키우는데 어찌 화를 내지 않을 수 있느냐고 반문할지 모릅니다. 그래요. 사람은 감정의 동물이기에 화를 낼 수도 있어요. 그러나 아이 행동으로 하여금 감정을 일으키고 그 감정을 제어하지 못하고 자신의 감정을 덧보태 화를 낸다는 데 문제가 있습니다. 단적인 예로, 화가 풀렸을 때 부모들은 화를 낸 것을 후회한다거나 죄책감을 느끼는 경우가 이를 증명합니다. 그러면서도 또 화가 나면 아이를 때리기도 하고 폭언을 퍼붓기도 하며 나쁜 아이로 몰아세우기도 합니다.

스님은 말씀합니다.

> 오늘 우리는 몇 번 남을 칭찬하였던가.
> 오늘 우리는 몇 번 남의 허물을 말하였던가.
> 칭찬하면 태양이 나의 주위에서 빛나고
> 비방하면 어둠이 나를 감아 돌아간다.
> 칭찬하는 마음에는 천국이 열리고
> 비방하는 발길에는 가시덤불이 엉키니
> 입은 진실과 광명을 토하는 문이다.
> 언제나 찬탄과 기쁨을 말하여야 한다. ● 광덕, 빛과 연꽃, 칭찬하는 말

"입은 진실과 광명을 토하는 문"이라는 스님의 말씀. 그래서 붓다의 제자들은 부정적인 생각을 하지 않고 부정적으로 말하지 않습니다. 부정적인 생각이나 말로는 DNA를 성공으로 이끌 수 없습니다. 그러기에 업장이니, 죄업이니, 원죄니, 저주니, 죄인이니 하는 말을 써서는 안 됩니다. 늘 밝고 긍정적인 언어를 써야 합니다. 밝은 언어만이 DNA를 성숙시키는 힘을 가지고 있으니까요.

아이들은 늘 화나게 한다

아무리 성인군자라도 아이를 키우다 보면 화가 나게 마련입니다. 스멀스멀 올라오는 화를 어떻게 처리할 것인가? 화를 내되 아이에게 안도감을 주어야 하고, 통찰력을 주어야 하며, 부모나 아

이에게 후유증을 남겨서는 안 됩니다. 다시 말해 후회될 만한 화를 내서는 안 된다는 것입니다. 화를 밖으로 표현할 때는 감정이 섞인 표현을 삼갈 일입니다.

그럼 왜 아이들은 부모를 화나게 할까요? 아이들이 가진 DNA의 특성 때문입니다. 아이들은 모든 일에 대해 늘 부모를 화나게 하고 불안하게 하고 초조하게 하고 귀찮게 하는 DNA를 가지고 태어났습니다.

진영이는 텔레비전을 아주 크게 틀어 놓고 만화영화를 보고 있었습니다. 화가 난 어머니는 부엌에서 더 달그락거리며 설거지를 했습니다. 진영이도 은근히 화가 나 텔레비전의 볼륨을 올렸습니다.

"여기가 너 혼자만 사는 집인 줄 알아? 시끄러워 고막이 터질 지경이다. TV 그만 보고 공부 좀 할 수 없니? 아니면 밖에 나가 놀든가. 시끄러워 살 수가 있어야지!"

어머니의 화는 터지고 말았습니다. 잔소리를 들은 진영이는 귀를 틀어막는 시늉을 하며 한참을 더 TV를 보다가 밖으로 나갔습니다.

이렇게 잔소리를 늘어 놓으면 아이들은 하던 일을 즉시 멈추어야 하는데 그렇지 않습니다. 도리어 같은 행동을 계속합니다. 이것은 부모를 이기기 위해 그런 것이 아니라 자신이 가진 자유와 권리를 빼앗기지 않으려는 아이들의 행동 특성 때문입니다.

아이가 하던 일을 스스로 멈추게 하기 위해서는 하던 것을 계속할 수 있도록 배려하는 것이 도리어 낫습니다. 진영이의 경우, 어머니가 설거지 소리를 크게 내지 않았다면 아이가 볼륨을 높이지 않았을 것입니다.

"텔레비전 소리가 너무 큰걸. 이웃집에 피해를 주는 것은 아닐까?"

다정하게 이렇게 말했다면 진영이는 자신의 행동을 축소하거나 멈추었을 것입니다.

화가 치밀 때 – 놀라운 수행

붓다는 인생을 그르치는 일에 세 가지가 있다고 가르쳤습니다. 지나친 탐욕, 걸핏하면 화내는 것, 지혜롭지 못함, 이 세 가지입니다. 3독으로 불리는 이것은 우리의 육신을 지옥으로 끌고 가는 수레라고 말합니다. 우리는 가족 간에는 물론 이웃 간에, 국가 간에서 화를 참지 못해 파국을 맞는 경우를 심심찮게 보아 왔지요.

화를 잘 다스릴 줄 알아야 합니다. 더 이상 참을 수 없는 한계에 봉착할 때라도 평정심을 잃으면 안 됩니다.

화가 치밀 때 다음과 같은 수행을 권합니다. 놀랍게도 이 3단계의 수행은 금방 평정심을 되찾게 합니다.

화가 나면, 일단 멈추어 십니다(stop).

이때는 어떠한 행위를 시도해서는 안 됩니다. 분별심을 버리고 생각의 한계를 버립니다.

두 번째로, 생각합니다(think).

'화를 내는 내가 누구인고?' 하며 심호흡을 하고, 무엇을 얻으려고 화를 내며, 화를 냈을 때 어떤 결과가 올 것인가를 생각합니다.

끝으로, 행동을 취합니다(activity).

남을 바꾸려는 메시지가 아닌 내가 선택한 가장 현명한 메시지를 전달합니다.

말의 선택에 따른 결과

상황 아이가 친구들과 싸우고 왔습니다. 옷이 흙으로 범벅되어 있었고 얼굴에 생채기까지 났습니다. 이를 본 엄마는 화가 치밀어 올랐습니다.

어머니가 취하는 말 : 바보같이 너는 만날 얻어맞고만 다니냐? 너는 손도 없고 발도 없니?
아이가 갖게 되는 생각 : 그래, 난 바보 같은 아이야. 병신이야. 그러니까 만날 맞고 다니지.
얻어지는 결과 : 아이는 자신감을 잃게 된다. 스스로 못난이라고 생각하고 바보라 생각한다. 어른이 되어서도 자신을 비하한다.

어머니가 취하는 말 : 친구와 싸운 것을 보니 화가 많이 났었나 보구나. 그 친구가 너에게 어떤 말과 행동을 하였기에 착한 네가 화를 내고 싸움까지 했을까?
아이의 예상되는 말 : 맞아요, 엄마. 난 별로 잘못한 것이 없었는데 그 친구가 툭툭 건드렸다고요(화가 덜 풀어졌는지 솟아오른 눈물을 닦는다). 정말 참을 수 없었다고요. 엄마도 그 상황이면 화를 내고 싸웠을걸요?(엄마가 고개를 끄덕인다-공감, 잠시 침묵). 저도 싸우고 싶지 않았어요. 싸우는 일은 나쁜 일이잖아요. 앞으로는 친구가 화를 내도 받아 주고 웃어 주어야겠어요. 그러면 싸움이 일어나지 않겠죠?

얻어지는 결과 : 어머니의 가르침을 존중하게 되고 싸우는 일이 나쁘다는 것을 자각하고 행동을 수정한다. 자아존중감이 높아지고 자신의 정체성을 잘 형성해 나간다.

화풀이

모욕감을 주지 않고 화풀이를 한다는 것은 쉬운 일이 아닙니다. 부모가 화를 낼 때 아이가 받는 상처는 성인이 되어서까지 이어질 수 있습니다. 불가피하게 화를 낼 경우가 있다면 DNA에 충격과 손실을 주지 않는 화여야 합니다.

가정은 싸움터가 아니란다

동석이 형제는 장난감을 가지고 티격태격 싸웠습니다. 동생이 형이 없는 사이 형의 물건을 망가뜨렸고, 형은 그것을 알고 동생의 물건을 망가뜨리려고 했습니다.

"너희들이 툭하면 싸우려 드는데 그렇게 하면 엄마 아빠의 마음이 불안해요. 가정은 싸움터가 아니야. 싸움을 하려거든 군대에 가서 적군하고나 하렴."

형제의 싸움은 진정되었습니다. 싸우면 가정의 평화가 깨지고 형제간에 멀어진다는 사실을 인식한 것입니다.

편지를 통한 화풀이

글은 마음과 마음을 잇는 가교. 아이로 인해 화가 날 때 한 통의 편지는 큰 효과를 발휘합니다.

사랑하는 인혜에게

엄마는 이번 일을 그냥 넘기기가 힘들구나. 네 마음대로 드레스를 샀다고는 하지만 엄마의 마음에 들지 않아. 네가 가진 용돈 대부분이 엄마나 아빠, 할머니를 통해 받은 돈이잖니? 그러니 그 돈은 섣불리 쓸 수 있는 돈이 아니지. 용돈을 네 마음대로 쓸 수 있는 권한은 있겠으나 엄마나 아빠가 알아야 될 것은 사전에 협의를 통해 결정하는 것이 좋을 것 같다.

엄마는 지금껏 너에 대한 믿음에 변화가 없다. 너의 현명한 판단을 기대한다. 그 옷을 물릴 수 없다면 네가 좋아하는 블라우스 만은 허용하겠다.

엄마 씀

아빠도 열심히 일하고 있다

아이는 시험 기간에도 공부를 하지 않습니다. 숙제를 제대로 해가지 않아 늘 지적을 당하기도 합니다. 선생님이 학교 도서관에 가서 책을 읽으라고 해도 만화책 몇 장 읽는 것이 고작입니다. 이런 사실을 선생님께 전해 들은 어머니는 화가 치밀었습니다. 당장 혼내주고 싶은 마음입니다.

실내화 주머니를 휘휘 저으며 학교에서 돌아오는 아이의 모습을 본 순간 화는 더욱 치밀었습니다. 그러나 참을 수밖에 없었습니다. 선생님께서 일러준 '일단 멈춤'이란 말을 실행하기로 약속을 했거든요.

어머니는 멈춰 섰습니다(stop). 아이를 바라보며 심호흡을 했습니다. 그러자 감정의 홍수가 급속히 빠져나갔습니다. 평정을 찾은 거지요.

어머니는 아버지가 가족을 위해 얼마나 헌신적으로 일하고 있는가를 보여 주면 좋겠다고 생각했습니다(think). 그래서 아이에게 아버지의 일터를 방문하자고 제안했습니다(activity). 아이는 맛있는 점심을 얻어먹을 수 있다는 기대감과 처음으로 아버지의 일터를 방문한다는 설렘에 흔쾌히 응했습니다.

매캐한 자동차 공장 안, 소음과 쇳내가 진동을 했습니다. 아버지는 아이를 만나자 마스크를 벗으며 화한 웃음을 지어 보였습니다.

이를 본 아이는 그날 일기에 이렇게 썼습니다.

아빠가 이렇게 힘든 일을 하시는지 몰랐다. 돈을 벌어오기 위해 고생하시는 아빠에게 미안한 마음이 들었다. 내 학원비를 대주기 위해 아빠가 늦도록 퇴근해 오지 않는 이유를 알았다. 엄마는 아빠가 벌어오는 돈을 아끼기 위해 알뜰하게 살림을 하는 것도 알게 되었다. 내가 크면 돈을 많이 벌어 효도해야겠다. 공부도 잘하는 착한 딸이 되어야겠다.

흐름 지켜보기

우리의 생활은 전체가 감정과 얽혀 있습니다. 이런 감정이 늘 좋게만 작용하는 것이 아닙니다. 좋은 면으로 작용하다가 나쁜 방향으로 작용하기도 하고 나쁘게 작용하다 좋게 작용하기도 합니다. 또 그 사이를 왔다갔다하기도 합니다.

현명한 부모는 이런 일련의 과정을 지켜볼 줄 알며 마음의 변화가 본래 공(空)하다는 것을 압니다. 화는 왔다가 사라져가는 무형의 번뇌니까요. 그래서 참지 않고 흘려보냅니다.

스님은 이렇게 말씀합니다.

나는 육체가 아니다. 불성이다. 부처님의 무량공덕생명이다.

● 광덕, 빛과 연꽃, 자기 한정에서 벗어나자

스님은 이렇게 육체의 한계를 벗어날 것을 가르칩니다. 화에 집착하여 사는 삶은 참모습이 아님을 가르칩니다. 화를 흐름으로 보고 흘려보낼 줄 알아야 한다고 가르칩니다.

공감의
기적

팽이를 치고, 연을 날리고, 축구를 하고, 물건을 뜯었다 조립했다 하고, 그러다 친구들과 말다툼을 하고…….

아이들에게 벌어지는 이런 일련의 일들은 DNA를 일깨우는 데 매우 유익합니다.

팽이치기 놀이가 주는 교육적 효과를 살펴볼까요?

- 어떻게 하면 팽이가 잘 돌까를 연구한다.
- 다양한 부위를 쳐보며 어느 부위를 쳐야 잘 도는지를 알게 된다.
- 마찰력이라는 말은 몰라도 마찰력이 너무 세면 잘 돌지 않고 마찰력이 적당해야 잘 돈다는 사실을 깨닫게 된다.
- 친구와 대화를 나누며 우정의 소중함을 깨닫는다.
- 집중력이 강화되어 몰입의 즐거움을 느낀다.
- 놀이를 통해 지능이 높아진다.

몸싸움만 하지 않는다면 친구와 다툼도 아주 잘못된 것이 아닙니다. 그래서 옛 어른들은 "아이들은 싸우면서 크는 거야"라고 했습니다. 아이들은 싸우면서 이렇게 큽니다.

- 화를 내면 후회를 하게 된다.
- 양보가 중요한 미덕이다.
- 우정에 금이 가면 고통을 수반한다.
- 싸움보다는 대화와 타협이 중요하다.
- 싸움에는 논리성과 합리성이 필요하다.
- 기분을 망치게 한다.
- 싸움을 통해서는 문제를 해결하기 어렵다.
- 화해의 기술을 터득한다.
- 스스로 갈등을 해결한다.

사람과 사람 사이에는 갈등이 발생하기 마련입니다. 아이들은 골목에서 친구들과 갈등하고 공감하며 그 해결방법을 배워 나갑니다.

야단을 치면 아이들이 변화할 것이라고 생각합니다. 그러나 공감 없는 야단은 별 효과를 나타내지 못합니다. 서로의 골만 깊게 만들 뿐입니다.

어느 날 원진이는 폭발했습니다. 야단을 치자 선생님에게 욕을 하고 대들었습니다. 교실의 분위기는 삼엄하게 흘러갔지요. 선생님은 충격에 수업을 제대로 하지 못했습니다. 다음 날부터 그 아이만 보면 어지럼증이 일었습니다. 교실에 들어서기도 싫었습니다. 이때 선생님을 바꿔놓은 한 생각이 있었습니다.

'그래, 난 교사야, 원진이 같은 아이에게 필요한 교사야.'

선생님은 아이에게 다가가기로 마음먹었습니다. 날마다 친딸처럼 다독여 주었습니다. 칭찬과 격려 또한 아끼지 않았습니다. 그러나 아이의 마음은 쉽게 열리지 않았습니다.

아이가 마음을 열기 시작한 것은 한 달이 훌쩍 지난 뒤였습니다. 한 번도 해오지 않던 숙제를 해오기 시작했고 선생님의 눈과 마주치자 씽긋 웃기도 했습니다. 때를 놓치지 않고 선생님은 편지를 썼습니다.

사랑하는 원진이에게

선생님은 매일같이 교실에 들어가면 기분이 좋아진단다.

너의 초롱초롱한 눈망울이 우리 딸의 눈망울과 같거든. 우리 딸도 원진이와 비슷한 생각을 갖고 있지. 원진이는 간호사가 되고 싶다고 했지? 우리 딸도 간호사가 되고 싶다고 했어. 키도 비슷할걸?

선생님은 집에 가면 행복하단다. 딸이 있어서. 학교에 오면 우리 딸 같은 원진이가 있고.

…하략…

다음 날 원진이는 일기장에 다음과 같이 화답했습니다.

선생님께 편지를 받았다. 6년 만에 처음이다. 편지를 받는 순간 정말 가슴이 뛰었다. 선생님 속만 썩었는데 선생님은 나를 사랑한다고 하셨다. 나는 지금껏 나를 사랑한 선생님은 없다고 생각했다. 그런데 지금의 선생님은 나를 사랑하신다. 사실 선생님들이 나를 나쁜 애 취급을 했어도 나는 내 자신을 나쁜 애라고 생각한 적은 없다.

…하랴…

사제 간에 주고받은 이 편지 한 통으로 선생님과 제자는 신뢰 관계를 회복했습니다. 공감이 형성된 것입니다.

아이를 움직이게 하려면 공감대가 형성되어야 합니다. 원진이를 보세요. 원진이는 5년 동안이나 선생님에게 마음을 열지 않았습니다. 초등학교의 거의 전 기간을 마음을 닫고 지내왔습니다. 이것이 원진이만의 잘못이라고 할 수 있을까요? 우리는 남을 탓하기 전에 자신을 먼저 돌아보아야 합니다.

아이들은 부모의 일방적인 강요 때문에 떠납니다. 부모가 통제하면 할수록 부모의 곁을 떠나려 합니다. 상호 커뮤니케이션이 없을 때 다른 길로 떠나려 합니다.

아이의 마음을 읽어 주는 공감, 이는 기적을 만들어 내는 놀라운 기술입니다. 5년이 넘도록 닫혀 있던 원진이의 마음을 열게 한 놀라운 기적은 다름 아닌 공감이었습니다.

똥군 니이다이가 부처님이 오시는 것을 보자 당황하여 똥지게를 넘어뜨렸다. 사죄하는 마음으로 땅에 엎드린 니이다이 손을 잡으며 "일어나라, 내 손을 잡아라" 하시는 부처님의 목소리. 이 목소리가 저때에 왕사성 골목에서 울려 퍼진 것처럼, 오늘 우리의 삶의 현장에 메아리치게 해야 한다. ● 광덕, 빛의 목소리 1, 일어나라 내 손을 잡아라 내재된 DNA에 문을 두드리는 이 깨침의 메아리는 아이의 손을 잡아주는 데서 시작됩니다. 붓다가 니이다이의 손을 잡은 것처럼.

Part 8
큰아이 만들기

어떤 부모들은 아이의 감정 따위는 무시해도 좋다고 생각합니다. 이런 부모 밑에서 자라는 아이는 저항합니다. 감정을 읽어 주고 아이의 편에 설 때 부모에게 다가섭니다. 부모가 자신을 이해하고 있다고 생각하는 순간 아이의 변화는 시작됩니다.

› 충분한 공간을
　　제공하라

전남 담양읍내에서 순창 방면으로 2km쯤 가면 메타세쿼이아 Metasequoia 길이 나옵니다. 관광지가 된 지 오래고 TV드라마 촬영지로 각광을 받는 곳입니다. 길 양옆으로 죽죽 뻗은 메타세쿼이아의 높이가 자그마치 30m쯤 돼 보입니다.

언젠가 식물원에서 본 메타세쿼이아는 2m 남짓했습니다. 관리인의 말에 따르면 화분에 심어진 메타세쿼이아는 성장이 멈췄는지 더 이상 자라지 않는다고 했습니다.

물 빠짐이 좋고 비옥하며 적정한 기온 속에 자란 나무와 메마르고 척박하며 적정하지 못한 기온에서 자란 나무는 성장의 결과가 다릅니다. 사람도 마찬가지입니다. 넓은 공간 속에서 자란 아이와 그렇지 못한 아이와는 감성이 다르고 자아존중감이 다릅니다.

큰사람으로 키우기 위해서는 큰사람으로 키울 수 있는 환경을 제공해야 합니다. 똑같은 메타세쿼이아지만 어디에 뿌리를 내리느냐에 따라 운명이 달라지듯 어떤 환경에서 양육하느냐에 따라 아이의 운명이 달라집니다. 정치가로 만들고 싶다면 정치가가 될 환경을 제공해 줄 것이며 어부로 만들고 싶다면 어부가 될 환경을 제공해 줄 것입니다.

아프리카 최대의 호수인 빅토리아Victoria. 이 호수 주변에는 고기를 잡아서 파는 어부들이 많습니다. 이들에게 인터뷰를 하자 아이들은 아버지의 대를 이어 고기를 잡아 부자가 되겠다고 답했습니다.

가족의 평등성

인도에는 카스트제도라는 신분 계급이 아직까지도 존재하고 있습니다. 카스트제도는 기원전 1300년 무렵 아리안 족이 인도를 침입하여 원주민인 드라비다 족을 정복하고 지배층이 되면서 성립되었지요. 이것이 고질화되어 지금까지 이어져 오고 있습니다. 이런 신분제의 병폐는 하층민 자녀의 출셋길을 막고 천민의 굴레를 벗어나지 못하게 합니다.

카스트 안에서 이루어지는 수직적인 관계 속에서는 아이가 제대로 성장하지 못합니다. 아이가 가진 DNA는 수직적인 환경을 싫어하거든요.

스님은 이렇게 말씀합니다.

> 모두가 부처님의 지혜, 부처님의 눈, 부처님의 몸을 온전히 갖췄다. 이 사실은 부처님께서 일체 중생에게 하신 말씀이다. 이 말씀

에서 우리는 나 자신의 행복, 행운, 존엄을 생각하는 데 그치지 않고 우리 부모, 형제, 온 가족 그리고 온 이웃, 온 겨레가 또한 그렇다는 사실을 말씀하신 것을 잊어서는 안 된다.

● 광덕, 빛의 목소리 2, 우리는 여래신이어라

모두가 부처님의 지혜를 갖췄다는 이 선언. 이 선언은 평등성의 원리에 대한 설법입니다. 스님은 이 사실에 눈 뜨는 것이야말로 교육의 첫걸음이라고 말씀합니다.

개방성

가족 구성원 모두가 솔직하게 자신의 생각을 털어놓고 대화할 수 있는 장을 마련하는 것이 좋습니다. 대화는 상대방과 공감대를 형성할 수 있는 가장 좋은 수단입니다. 대화를 통해 상대방의 마음을 읽을 수 있고 위로하고 위로 받을 수 있으며 의사를 전달할 수 있습니다.

슬기네는 가족회의를 정례화했습니다. 가족회의에서 합의된 사항은 반드시 따라야 합니다. 가령 아버지가 집 안에서 담배를 피운다면 이 문제를 회의에 부쳐 민주적으로 처리합니다. 가족 간의 갈등이 생길 만한 것들을 안건에 부쳐 처리하는 것이지요. 슬기에게는 이런 과정을 통해 민주시민으로서의 자질과 준법정신이 자랍니다. 부모의 정신이 그대로 슬기에게 이어지는 것이지요.

스님은 말씀합니다.

어머니의 정신 상태는 어린 아이들에게 가장 깊은 영향을 끼친다. 아이들을 잔병꾸러기로 만든다든가 건강하게 만드는 힘을 행사하고 있다. 그러므로 평화롭고 너그럽고 자비로운 마음을 가져야 한다.
● 광덕, 반야의 종소리, 환경을 바꾸는 정신감응

상호 간의 질서와 소통

일요일 오전 시골의 조그만 사찰. 법우들이 법회를 마치자 빙 둘러서 맞절을 합니다. 왜 맞절을 할까 의문을 품고 있는데 법사 스님은 말합니다.

가정에서도 맞절을 해야 합니다. 맞절을 하며 가족의 가슴에 메아리치는 불성의 가치, 부처님의 성품을 보아야 합니다. 부처님의 온전한 성품을 보아야 가족 간의 화복이 증장되고 행복한 가정을 이룰 수 있습니다.

나는 무릎을 쳤습니다. 상대의 외모나 나이에 절하는 것이 아님을 알았기 때문입니다. 불성, 꿈틀거리는 부처 생명에 대한 예경이란 것을 알았기 때문입니다.

법사 스님은 아이가 말썽꾸러기일수록 더 많이 기도하고 절을 해야 한다고 강조했습니다. 맞절의 가르침에는 '가족을 부처님으로 보아야 한다', '서로를 존중하는 데서 행복이 찾아온다'라는 속뜻이 들어 있지요.

소통이 안 되면 평화가 깨집니다. 칭찬하고 이롭게 하는 말을 할 때 아이는 더욱 성장할 수 있습니다.

    스님께서는 어디서나 누구에게나 상대의 허물을 입으로 말씀하지 않았고 눈에 보여도 보지 않았어요. 스님을 처음 만난 이래 수십 년 동안 내가 지켜본 바로는 그 어떤 일로도 사람을 비난하거나 욕하는 것을 본 적이 없습니다. 이것은 고운 양심이나 높은 도덕이 아닙니다. 오로지 도를 닦아 인간의 한계를 넘어 부처님 성품을 보았기 때문에 가능한 일입니다.

● 송암, 광덕스님 시봉일기 제6권 · 새물줄기

    붓다는 가정을 꽃동산으로 만들어야 한다고 말씀했습니다. 그렇지 않으면 지옥처럼 된다고 일렀습니다. 부부지간에 화합하지 못하고 아이와의 관계가 원만하지 못하다면 가정은 천길 수렁에 빠지고 맙니다. 행복하고 포근한 가정이 되어야 아이를 훌륭히 키워낼 수 있습니다. 그러기 위해서는 스님처럼 아이에게서 지혜 덕성이 구족한 부처님 생명만을 볼 것입니다.

냉철한 이성

    부모는 선장입니다. 선장이 기상 여건, 파고, 조류, 연료 등을 꿰뚫고 있어야 하듯 부모는 냉철한 이성을 유지해야 합니다.
    문제지 한 권을 사는 데도 남의 판단에 맡겨서는 곤란합니다. 스님은 이렇게 사자후합니다.

우리는 불자이다. 본성이 불성이고 불심이다. 그러므로 무한의 능력, 무한의 가능성을 지니고 있는 것이다. 우리가 지닌 무한의 재능은 이것이 불성의 것이요, 부처님에게서 온 것이다. 그러기에 자기 재능을 소중히 여기고 힘써 개발해야 한다.

● 광덕, 반야의 종소리, 무한을 향해 성장하는 사람

스님이 말하는 무한의 가능성은 전생의 DNA를 지칭합니다. 이 DNA를 발현시키기 위해서는 더 넓은 세계, 더 넓은 공간, 더 많은 자유가 필요합니다. 아이에게 필요한 것은 단단한 화분이 아니라 넓은 대지입니다.

불성의 실현자

진영이는 게임을 하다 신경질을 내며 게임기를 집어던졌습니다. 아버지는 게임기를 한 달 뒤에 고쳐 주겠다고 말했습니다. 앞으로 이런 일이 있으면 기간을 연장하거나 고쳐 주지 않겠다고 선언했습니다.

- 잘못 : 게임기를 집어던짐
- 결과(벌) : 즐겨하는 게임을 못함. 친구에게 게임기 자랑을 할 수 없음. 무료함

올찬이는 늦잠을 자기 일쑤입니다. 어머니는 매일 아침 전쟁을 치러야만 합니다. 간신히 깨워 놓으면 늦게 깨워 지각을 하게 만들었다고 신경질을 부립니다. 갈수록 기세는 등등해지고 모든 책임을 어머니에게 전가합니다.

생각다 못한 어머니는 더 이상 참지 못하고 모든 문제를 아이

가 해결하도록 주문했습니다.

"올찬아, 이제부터 너에게 일어나는 일은 엄마의 몫이 아니다. 네 몫이다. 이후 어떠한 일이 있더라도 널 깨우지 않을 것이다. 너는 스스로 네 일을 처리할 수 있는 능력이 있으니까. 엄마 대신 널 깨워줄 탁상시계를 사주겠다."

아이는 별반 나아지지 않았습니다. 여전히 지각을 하고 법석을 떨고는 했습니다. 그러던 어느 날부터 변화가 시작되었습니다. 스스로 시간표를 챙기며 학교에 늦지 않으려 애썼습니다. 시계의 기상알림음 시간을 맞추어 놓는 일도 아이의 몫이었습니다.

교육사상가 루소Rousseau는 그의 명저 『에밀』에서 "아이들이 받아야 하는 벌은 그 자신의 잘못으로 인해 발생한 결과에 대한 것이어야 한다"고 말했습니다. 루소의 말을 빌리자면 올찬이는 이미 자신의 잘못으로 인한 결과(벌)를 충분히 받은 셈입니다.

- 잘못 : 늦게 일어남
- 결과(벌) : 숙제를 제대로 못함. 시간표를 못 챙김. 아침밥을 먹지 못함. 지각함. 선생님께 꾸중을 들음. 지각대장이라고 놀림 당함. 마음 상함. 신뢰감 감소. 대화 단절

자기가 저지른 잘못에 대한 벌은 자기가 받게 해야 한다는 것이 루소가 말하는 벌에 대한 시각입니다. 이른바 자연징벌이지요.

상황에 따른 자연징벌

매우 추운 날 차가운 바람이 창문을 통해 들어옵니다.

상황 A : 아이가 실수로 창문의 유리를 깨뜨렸다.
상황 B : 아이가 부모의 말을 무시하고 거실에서 공을 차다가 창문을 깨뜨렸다.

상황 A의 경우, 아이의 고의성이 전혀 없습니다. 이럴 때는 자연징벌을 적용하면 안 됩니다. 부모는 아이의 부주의한 태도에 화를 낼 수도 있겠지만 추운 바람을 막아 주는 조처를 취하는 것에 주안을 두어야 합니다.

상황 B의 경우, 아이의 실수라고 보기가 어렵습니다. 실내에서 축구를 하면 유리가 파손될 개연성이 충분히 있는 상황입니다. 그러기에 실내에서 공을 차면 안 된다는 경고의 메시지가 당연히 성립되는 것입니다. 이런 경우에는 자연징벌이 적용되어야 합니다.

- 상황 B에 적용될 자연징벌

창문의 유리를 즉시 바꾸어 주지 않습니다. 설령 아이가 찬바람을 쐐서 감기에 걸릴 상황이라도 부주의하고 경솔하며 부모의 말을 무시하는 태도로 자라는 것보다는 낫기 때문이지요.

루소가 제창하는 자연징벌은 아이에게 가하는 매우 좋은 벌입니다. 아이들에게 백 번 훈계하고 야단치고 따지고 심지어는 폭력을 행사하는 것, 그 이상으로 효과가 있지요.

나는 교단에서 종종 자연징벌을 도입했습니다. 숙제를 해 오지 않는 아이와 한동안 말을 하지 않는다든가 대면을 하지 않는 벌을 가하곤 했지요. 필기도구를 가져오지 않는 아이에게는 그 누구라도 필기도구를 빌려주지 않도록 조처를 취했습니다. 물론 어쩌다 실수로 필기구를 지참하지 않는 경우는 아니지만요.

자연징벌을 받은 아이들은 스스로 지은 행위에 대한 결과를 책임지고 뼈아픈 고통을 감내하지 않으면 안 됩니다. 중요한 것은 이 같은 벌이 자업자득의 결과이기에 스스로 감내하지 않으면 안 됨을 알게 하는 것입니다.

날씨가 추운데 멋을 부린다고 얇은 옷을 입고 학교에 간다고 우긴다면 그대로 둘 필요가 있습니다. 그렇게 하여 추위에 벌벌 떠는 고통을 감내하게 되면서 다음날엔 옷을 두툼하게 입고 가게 될 것입니다.

모든 업과는 스스로 짓고 스스로 받는 것입니다. 선업을 지으면 선과를 얻고 악업을 지으면 악과를 얻습니다. 이는 선인선과 악인악과로 불리거니와 이런 인과의 진리는 종교나 인종, 학력, 태생에 관계없이 적용됩니다. 그래서 인과법, 인과법칙, 인과율 이렇게 부르는 거지요.

스님은 인과에 대해 이렇게 말씀합니다.

우리는 마음을 밝고 건설적이며 적극적인 상태로 지켜가야 한다. 소극적·파괴적 생각은 한 순간이라도 허용하면 안 된다. 그런 생각이 파괴적·소극적인 결과를 가져오기 때문이다.

● 광덕, 반야의 종소리, 마음의 힘

불성의 실현자

많은 부모들이 아이를 가르칠 때 권력을 행사하려 합니다. 아이의 힘이 부모의 권력에 비해 작기 때문에 부모는 아이를 마음대로 조정할 수 있다고 생각합니다.

부모의 권력이 커질수록 아이의 자유는 줄어듭니다. 반면 부모의 권력을 줄일수록 아이의 자유는 증대됩니다.

부모의 권력은 나이와도 상관관계를 나타냅니다. 아이가 어릴수록 부모는 권력을 크게 행사하는 경향이 있습니다. 아이의 나이가 어릴수록 부모는 힘이 세보입니다. 아는 것이 많고 똑똑하고 훌륭해 보입니다. 어려운 일도 척척 잘해 내는 마술사처럼 보이기도 하고 세상의 모든 비밀을 알고 있는 만물박사처럼 보이기도 합니다. 이때는 부모의 권력을 아이에게 남용해도 문제가 되지 않습니다. 부모에 대해 아이의 힘이 작기 때문입니다.

나이를 먹으면서 아이는 세상에서 펼쳐지는 다양한 경험과 지식을 접합니다. 시야가 넓어지고 지식의 양이 폭발적으로 증가하면서 부모가 작아져 보이기 시작합니다. 어릴 적 부모의 모습은 온데간데없고 초라해져 보이기까지 합니다. 그러다 보니 아이는 부모의 권력에 도전하게 되고 저항하는 것입니다. 저항은 부모가 권력을 행사하면 할수록 강하게 나타납니다.

아이의 저항을 줄이려면 부모의 권력을 축소시켜야 합니다. 아이가 커갈수록 부모는 힘을 줄여야 합니다. 부모와 아이가 적절한 평형관계를 이룰 때 평화가 유지됩니다. 초등학교에서 오랫동안 아이들을 가르쳐 온 선생님은 말합니다.

많은 부모들이 아이를 통제하는 데 힘의 사용이 가장 좋은 방법이라고 믿고 있습니다. 그러나 힘을 사용할수록 아이들은 저항하거나 다른 출구를 찾아갑니다.

● 민병직, 머리를 물들여본 아이가 성공한다, 저항하는 아이 지혜로운 부모

아이가 저항하는 것은 자신의 자유를 빼앗기지 않으려는 본능 때문입니다. 부모의 권위에 도전하는 것이 아닙니다.

부처님이 보신 바에는 인간은 어느 누구의 피조물이거나 상관적 존재가 아니다. 사람의 참모습은 절대의 자존자이며 무한자며 창조자이다. 일체 신성과 존엄과 가치와 권위는 그로부터 유인한다. 그것은 인간이란 구극의 진리인 불성의 실현이기 때문이다.

● 광덕, 빛의 목소리 2, 순수불교선언

아이를 소유물로 바라보지 말아야 할 것입니다. 자식을 수직적 관계가 아닌 수평적 관계로 볼 것입니다. 모두가 절대 자존자이고 무한 창조자이며 불성의 실현자이니까요.

책임감 이끌어내기

    부모는 아이의 책임감을 키워 주기 위해 청소나 설거지를 시키고 심부름을 시키며 화분에 물을 주는 일을 시킵니다.

    그러나 이런 일들이 아이의 책임감을 키워줄 수도 있지만 그렇지 못할 수도 있습니다. 실제로 어떤 가정에서는 책임에 대한 선 긋기로 인해 매일같이 부모와 아이 사이에 말다툼이 벌어지고 관계가 악화되기도 합니다.

    부모가 힘으로 제압하여 책임감을 수행토록 할 수 있지만 이런 경우 부정적인 영향을 줄 수 있습니다. 책임감은 자연스럽게 형성되어 가는 인성교육이기 때문이지요.

    강압에 의한 책임 완수의 한 예로 폭력집단의 경우를 봅니다. 폭력집단에서 린치를 당하지 않으려면 보스의 명령에 절대 복종하고 주어진 책임을 완수해야 합니다. 따라서 부모가 아이에게 강압적으로 책임을 수행하게 한다면 아이는 반항하게 되고 설사 책임을 수행하더라도 좋은 영향을 끼치지 못합니다.

책임감을 키워 주는 일

아이에게 책임감을 키워 주는 일은 중요합니다. 책임은 삶의 질을 높여 주고 대인관계를 개선시켜 주며 행복감을 안겨 주지요.

정형화된 넓은 테두리 안에서 수행하게 하는 것은 책임감을 키우는 데 바람직하지 않습니다. 아이의 주변에서 쉽사리 일어나는 일에서 책임감을 갖도록 하는 것이 효과적입니다.

숙제를 잘해 가는 것, 제 시간에 식사를 하는 것, 자기 방을 스스로 정리하는 것, 가족이 힘들어 할 때 서로 돕는 것 등 소소한 일에서부터 책임감이 싹트게 해야 합니다. 아이가 이런 일들을 강압이 아닌 스스로의 책무로 받아들인다면 매우 좋은 일입니다.

솔직한 감정을 전달하라

부모는 자신의 감정을 솔직하게 보여 주어야 합니다. 감정을 표현하는 과정에게 화를 내라는 뜻이 아닙니다. 부모의 감정 상태를 아이에게 전달하라는 뜻이지요.

"오늘은 엄마의 기분이 언짢구나."

"네 방이 지저분해 들어가기가 싫구나."

"이럴 때 손님이라도 오면 당황스럽겠다."

"네가 숙제를 하지 않는 날은 스스로 밥을 챙겨 먹었으면 좋겠다."

이 같은 감정을 전달함으로써 아이는 자신을 반성하게 되고 책임감을 가질 수 있습니다. 심리학자인 하임 기너트H.Giott는 『부모와 아이 사이』에서 이렇게 말했습니다.

> 부모의 태도와 행동은 아이들에게 책임감을 갖게 하는 결정적인 요인이 된다.

부모는 아이의 감정을 그대로 받아들여야 합니다. 행동도 마찬가지이지요. 아이가 왜 방을 어질러 놨으며, 숙제를 하지 않았는지, 화분에 물을 주지 않았는지 면밀한 관찰이 필요합니다. 숙제의 경우 몸이 아파서 못할 수도 있고, 알림장에 적어온 사실을 기억하지 못할 경우도 있으며 친구들과 협력하여야만 할 수 있는 숙제가 있을 수 있거든요. 이를 모르고 닦달할 경우 책임감이 생기는커녕 저항만을 부르게 됩니다. 그 순간 부모는 감정을 가까스로 잠재우며 이렇게 도움을 주려고 하지요.

- 통제적인 언어
  "그렇게 하면 안 돼. 동생의 장난감은 네 것이 아니야."
- 부인하는 언어
  "천만에, 그럴 리가 없어. 네가 그런 일을 했다는 것에 믿음이 안 가!"
- 경고하는 언어
  "또 한 번만 해 봐라. 그렇게 하면 그땐 정말 가만 안 놔둘 테다."
- 불신하는 언어
  "네가 그런 일을 했다고? 넌 착한 아이잖아! 그래서 너를 믿는 거야."

이런 말들이 즉각적인 효과를 나타낼 수는 있습니다. 그러나 대부분의 아이들은 이 같은 말에 구토증 반응을 보입니다. 통제적인 언어, 부인하거나 경고하는 언어, 불신하는 언어는 아이의 감정을 자극하게 되거든요. 그래서 잠재된 능력, 전생의 DNA의 퇴보만을 가져 옵니다.

아이의 감정 읽어 주기

사람이 되게 하는 교육은 말이나 이론에 의한다기보다는 아이와의 직접적인 사귐(공감)에 의한다는 것이 훨씬 설득력이 있습니다. 아이와의 다정한 사귐을 통해 부모는 아이가 가진 내면의 세계, 감정을 읽어낼 수 있기 때문입니다. 아이의 말과 행동, 얼굴 표정, 걸음걸이 등이 그 단서를 제공해 줍니다. 가령 아이가 기운이 쑥 빠진 걸음걸이로 학교에서 돌아왔을 때 이런 언어를 사용할 수 있습니다.

"옷이 흙투성인 것을 보니 또 싸웠는가 보구나?"
"너는 싸움이 나면 좀 참을 수 없니?"
"네가 시비를 걸었니?"
"숙제를 해 가지 않아 선생님께 혼이 난 모양이로구나?"

그러나 이런 말은 아이에게 귀를 막아버리고 싶은 충동을 일으킵니다. 자신의 감정을 전혀 읽어 주지 않기 때문이지요.

아이에게 가까이 다가서려면 사실 그대로를 말해야 합니다.

"오늘은 기분이 안 좋았는가 보구나."
"친구들이 너의 기분을 상하게 했나 보다."
"기운이 없어 하는 걸 보니 점심 식사를 제대로 못했는가 보구나."

동정심을 보이는 이 같은 말이 훨씬 효과적입니다. 비판적인 생각을 갖게 하고 거부감을 느끼게 하는 언어로는 아이를 변화시키기 어렵습니다.

갈등을 극복하는 기술

갈등 문제에서 부모가 이길 때 아이는 불만을 갖게 됩니다. 부모로부터의 갈등이 급우간의 갈등, 교사와의 갈등으로 전이되기도 하고 도벽이나 폭력, 가출 등으로 이어지기도 합니다. 이를 목격하는 일선의 교사들은 대부분 이렇게 진단합니다.

부모들이 자녀를 억압하는 힘보다 자녀들의 저항하는 힘이 더 강하다.

부모의 다음과 같은 태도는 아이의 저항을 감소시킬 수 있습니다.

● 아이의 말에 긍정적인 태도를 보여라

아이를 인격체로 대하여야 합니다. 아이들은 부모들이 자신의 이야기에 귀를 기울여 주지 않는다고 불평합니다. 귀담아 들어줄 때 아이들은 자신의 생각이 가치가 있는 것이고 자신의 위상을 드러내 보일 수 있다고 생각합니다. 이렇게 함으로써 부모에게 다가가려 노력합니다.

● 화나게 하는 말을 피하라

부모들은 아이의 인격에 손상을 주는 말이나 비판적인 언어 사용을 피해야 합니다.

모욕적인 언어 – "능력이 겨우 그거냐? 망신도 보통 망신이 아니다."

몰아붙이는 언어 – "바보 같은 녀석, 겨우 그것밖에 못하겠니?"

미래를 들먹이는 언어 – "꼭 빌어먹을 팔자로군."

위협하는 언어 – "한번만 더 그러면 그때는 쫓겨날 줄 알아."

비난하는 언어 – "역시 네가 할 수 있는 일이 뭐가 있겠니?"

명령하는 언어 – "빨리 숙제나 해! 넌 일의 순서도 모르니?"

● 아이의 감정을 읽어 줘라

어떤 부모들은 아이의 감정 따위는 무시해도 좋다고 생각합니다. 이런 부모 밑에서 자라는 아이는 저항합니다. 감정을 읽어 주고 아이의 편에 설 때 부모에게 다가섭니다. 부모가 자신을 이해하고 있다고 생각하는 순간 아이의 변화는 시작됩니다.

봉정암 참배와 기도를 마치고 오세암 가는 길에 큰 바람을 만났다. 일행은 나무를 붙들고 한참이나 그 자리에 서 있었다. 그 순간의 느낌을 메모했다가 스님께 보여드렸다. 나는 글답지 않은 글을 내밀고는 어떤 칭찬을 주시나 하는 욕심에 사로잡혔다. 스님은 푸른 하늘 같은 미소를 지으시더니 칭찬을 아끼지 않으셨다.

나는 우쭐거리기를 좋아하는 성질이었는데도 스님은 기세를 꺾지 않고 늘 칭찬으로 북돋워 주셨고, 칭찬 속에서 깨닫도록 인도해 주셨다. 스님의 칭찬을 통해 용기를 얻고 활달한 삶을 살았으며 높은 이상을 품고 정진했다. 내 삶의 활력은 스님의 불성 칭찬 속에서 그렇게 마구 용솟음쳤고 파도쳐 갔다.

● 송암, 광덕스님 시봉일기 제2권 · 징검다리

스승은 제자의 감정을 늘 이처럼 읽어 주었습니다. 그러기에 제자는 환희심과 용기를 얻고 삶의 향기가 마그마처럼 용솟음침을 느낄 수 있었습니다. 이것이 동력이 되어 높은 이상을 품고 어려움을 인욕하며 정진할 수 있었습니다.

칭찬은 고래도 춤추게 한다고 합니다. 자신을 부려먹기 위한 칭찬에도 춤을 추는데 불성에 칭찬을 한다면 어떻겠습니까?

스님은 이같이 말씀합니다.

"나는 육체가 아니다. 불성이다. 부처님의 공덕생명이다. 나무마하반야바라밀" 하고 진리의 실상을 신념으로 확충해 가는 수행에 힘써라.

● 광덕, 호법월보 17

책임에 대한 문제

책임감이 아이의 문제인데 부모가 해결할 문제로 알고 있는 경우가 많습니다. 가령 아이가 숙제를 하지 않아 선생님으로부터 꾸지람을 받게 되었다면 이것은 부모의 문제가 아니라 전적으로 아이의 문제입니다. 그러므로 부모가 죄책감을 느낄 필요가 없습니다. 물론 아이가 저학년일 경우 과제를 해갈 수 있도록 조력하는 역할은 필요합니다. 그렇다고 이것 역시 부모의 책임이 될 수는 없습니다. 학교에서는 거의 아이 스스로 할 수 있는 과제를 내어주므로 혼자서도 얼마든지 할 수 있습니다. 혹 혼자서 할 수 없을 만큼 어려운 과제라면 아이는 누군가에게 도움을 요청할 것입니다. 요청하여 해결하는 것도 아이의 문제이지 부모의 문제는 아닙니다.

아이의 문제를 부모의 책임으로 여긴다면 아이를 과잉보호하는 부모일 가능성이 높습니다. 아이의 문제를 부모가 떠안는 것은 아이를 온실 속에서 키우려는 것과 다르지 않습니다. 온실 속의 화초가 건강하게 자라지 못하는 것은 지나친 보호 때문입니다. 아이를 건강하게 키우려면 거친 황야가 있다는 것도 보여 주어야 합니다.

다음의 예는 어떻게 부모가 생각을 바꾸며, 아이의 DNA를 일깨워야 하는지에 대한 도움을 줄 것입니다.

● 수제비를 해줄까, 떡국을 해줄까?

아이에게 음식을 줄 때 나이를 고려해서 물어 보는 것이 현명한 일입니다. 두 살배기에게는 그냥 "사과를 먹을래?" 물어 보는 것이 좋고 네 살배기에게는 여러 개의 과일 중에서 "먹고 싶은 과일을 골라 봐" 하는 것이 좋습니다. 여섯 살배기에게는 "배를 먹을래, 사과를 먹을래?" 물어보는 것이 현명한 일입니다. 선택하는 것은 아이의 책임입니다.

"오늘 저녁엔 무엇을 해 줄까?"라고 묻는 것은 아이의 책임감을 형성하는 데 도움을 주지 못합니다. "오늘 저녁엔 수제비를 해

줄까, 떡국을 끓여줄까?" 묻는 것이 현명한 방법입니다.

　아이가 떡국을 요청해 놓고 떡국을 먹지 않았다고 하면 이는 전적으로 아이의 책임입니다. 아이에게 일을 부과하였다면 책임을 지게 한 것이나 다름없습니다. 비록 나이가 어린 아이라도 필요할 때는 책임을 위임하여야 합니다.

숙제의 가치

　부모들은 숙제를 아이가 하도록 내버려 두거나 전적으로 해주려 합니다. 부모가 숙제를 해주겠다고 하면 아이는 전적으로 부모에게 맡기려 합니다. 그렇게 훈습된 아이는 계속적으로 부모에게 숙제하는 일을 의존합니다.

　숙제의 중요한 가치는 스스로 해결하는 경험을 갖도록 하는 데 있습니다. 부모의 직접적인 도움은 바람직하지 않습니다. 아이 스스로 할 수 있도록 하되 아이가 하지 못할 경우에는 간접적으로 돕는 수준에서 머물러야 합니다. 아이가 숙제를 하고 있는 동안에는 사고의 흐름에 방해가 되는 부모의 질문이나 간섭은 삼가야 합니다.

　숙제를 가르쳐 주는 일보다는 공부할 수 있는 환경을 마련해 주는 일이 더 중요합니다. 그럼에도 아이가 숙제를 제대로 하지 못한다면 부모는 농부가 소의 고삐를 살짝 당겨 소의 행로를 교정하듯 그렇게 해야 합니다. 일례로 힌트를 주어 사고의 흐름에 자극을 주는 일은 좋은 조력 방법이 됩니다.

　숙제를 도와줄 때 조심할 행동이 있습니다. 마음에 들지 않는 숙제이더라도 아이가 좋은 이미지를 갖도록 격려해야 합니다. 부모의 태도가 그대로 아이에게 투시되거든요.

"너희들도 긴장하지만 선생님도 너희들이 숙제를 해올 것인가 안 해올 것인가 긴장하실 거야."

"선생님이 철저한 분이시더구나!"

이런 말은 아이와 선생님의 위상을 동시에 끌어올리는 좋은 대화가 됩니다. 그런데도 어떤 부모는 안달복달합니다.

"텔레비전 볼 시간이 어디 있니? 한자 공부는 언제 할래? 영어 공부도 해야 하지 않겠니?"

"너는 도대체 뭐가 되려고 그러니? 그렇게 공부하기 싫으니?"

"이리 앉아! 엄마가 도와줄 테니까."

이런 말은 일시적인 효과를 나타내는 데는 도움을 줄지 모르지만 긴장감을 높이고 감정을 고조시키며 짜증이 나게 만듭니다. 아이에게 야단을 치면 칠수록 아이는 그에 반하는 행동을 하고 싶어 합니다.

결과적 예견

"너는 글을 참 잘 쓰는구나! 장차 톨스토이보다 더 잘 쓰겠어."

'톨스토이보다 글을 더 잘 쓸 수 있다고? 전혀 아닌데. 난 글을 써 본 적이 거의 없는데.'

"연습만 부지런히 하면 베토벤보다 훨씬 나은 음악가가 되겠어."

'나에게는 음악적인 재능이 없어. 베토벤보다 나은 음악가가 된다고 말하는 것은 놀리는 소리야. 나 같은 아이가 베토벤보다 나은 음악가가 될 수 있다고? 웃기는 소리야.'

이렇게 아이의 장래를 단정적으로 예견하고 칭찬하는 것은 위험합니다. 위험한 칭찬으로는 전생의 DNA를 발현시킬 수 없습니다.

글을 잘 쓰는 아이에게 "이 정도면 월간지에 투고해도 손색이 없겠는걸?" 연주를 잘하는 아이에게 "친구들 앞에서 연주를 하면 음악가가 탄생했다고 무척 좋아하겠는걸?" 해야 합니다.

• 다른 성향의 친구를 사귀게 하라

친구를 사귀는 데 있어 성향이 서로 다른 친구를 사귀는 것이 좋습니다. 내성적인 성격의 아이는 외향적인 성격을 소유한 아이와 벗하면 좋고. 너무 외향적이어서 잦은 실수를 하는 아이는 내향적인 아이를 친구로 삼는 것이 좋습니다.

부모는 아이가 친구를 많이 사귀기를 바랍니다. 그러나 정작 아이가 친구를 사귀어 집에 데리고 오면 떠든다고 반가워하지 않습니다. 이런 이중성은 아이의 가치관에 혼란을 줍니다.

• 강아지를 키우는 일

어머니는 아이에게 강아지를 사 주는 조건으로 밥 주는 일과 대소변 치우는 일을 약속받았습니다. 그런데 시간이 갈수록 약속은 이행되지 않았습니다. 어머니는 무책임성을 들어 비난하였습니다. 어머니와 아이 사이에 금이 갔습니다.

강아지를 키우는 일은 공동의 일입니다. 부모가 강아지에 관여하지 않는다는 것은 동물에 대한 학대행위입니다. 부모는 생명의 소중함과 책임의 중요성을 일깨워야 할 책임이 있습니다. 강아지를 집안에 들여왔다는 것은 처음부터 공동책임이 발생된 것입니다. 강아지가 아프면 가족 모두의 아픔이 되잖아요. 강아지로 인해 더럽혀진 것을 치우지 않으면 서로의 마음이 상하잖아요.

인간과 모든 생명들은 함께 소중한 존재이다. 알고 보면 우리 모두는 서로 돕고 힘을 합해서 생명의 영광을 누리고 땅이 번영을 키우는 힘을 서로가 주고받고 있는 것이다. 불자는 이 점을 알아서 모든 중생의 생명을 아끼고 키워 그가 가지는 참빛을 발휘케 해서 이 국토를 성숙시켜야 한다.

● 광덕, 행복의 법칙, 생명을 존중한다

인간의 삶은 보살의 삶이어야 합니다. 받으려는 삶이 아닌 주는 삶이어야 합니다. 남에게 베푸는 것은 가진 다음에 베푸는 것이 아니라 가진 것을 나누는 것입니다. 강아지가 아파서 신음할 때 어루만져 주고, 배고파 굶주릴 때 밥을 챙겨 주고, 목 말라 할 때 물을 떠다 주는 것, 이것은 아이의 몫이기 전에 전 가족의 책임입니다. 가족 모두에게 있는 전생의 DNA를 이끌어 내는 일입니다.

보살은 한마디로 크게 사는 사람이다. 크게 줌으로써 크게 살고 있다. 가진 것을 주고 힘을 주고 지혜를 주고 능력을 주고 정성과 온갖 마음을 다 준다. 대가를 위해 주는 것도 아니고 그에게 좋은 평가를 받기 위해 주는 것도 아니며 부처님이 알아주고 천국에 나기 위해서 주는 것도 아니다. 주는 것으로 기쁨을 삼고, 정성을 바침으로써 기쁨을 삼는다. 그는 복덕을 닦되 복덕을 받지 않는다. 그가 지은 모든 공덕은 바로 일체 중생의 것이 된다.

● 광덕, 위의 책, 보살의 마음